무엇을 준비하고
어떻게
살아남을 것인가?

60년대생이 온다

60년대생이 온다

무엇을 준비하고 어떻게 살아남을 것인가?

1인당 GDP 79달러 후진국에 태어나 3만 달러 선진국에 퇴직하는,

베이비부머의 중심 세대이자 고학력의 시작인,

고성장, 민주화를 거쳐 초고령사회의 주역이 되는,

김경록 지음

비아북

남몰래 흘리는 눈물Una Furtiva Lagrima

늦게 일을 마치고 지하 주차장으로 가다가 한 대리운전 기사를 보았다. 작은 크로스백을 메고 핸드폰으로 연신 통화를 한다. 늦은 저녁이면 가끔씩 마주치는 장면이다. 이번 사람은 기업의 부장 정도를 지내고 퇴직한 50대 중반 같았다. 갑작스레 변한 환경에 남몰래 눈물을 흘렸으리라. 60세 이상의 자영업자가 200만 명이라고 한다. 6이라는 숫자가 있으면 이력서를 보지도 않으니 자영업의 길로 들어섰을 것이다. 60년대생은 고성장의 시기를 살았다고 하는데 왜 이런 현상이 나타날까? 앞으로 어떻게 인생 2막을 살아내야 할까? 이들의 역할은 이제 끝났는가? 60년대생들의 과거, 현재, 미래의 삶의 이야기를 풀어보고자 한다.

필자는 1962년에 태어나 62년째 살고 있다. 1962년에는 100만 명이 태어났고 현재 85만 명이 살아 있다.[1] 60년대생을 하나의 집단으로 규정하기는 어렵다. 재산이나 소득이 천차만별이다. 입이 딱 벌어질 정도로 돈을 많이 모은 사람도 있고 100세 시대의 긴 노후를 깊이 걱정하는 사람도 있다. 코호트cohort가 같으면서 형편은 극단으로 나누어진다. 노후를 충분히 준비한 사람이 있는 한편 노후 준비가 꿈에 불과한 사람도 있다.

1960년생이 태어날 때 우리나라 1인당 GDP가 79달러였다. 이들이 60세가 되어 퇴직할 때 우리나라 1인당 GDP는 3만 1,700달러가 됐다. 경제성장기에 태어나 많은 기회를 누렸다. 촌에서 태어나 성공한 사람이 유독 많았다. 1981년부터 졸업정원제가 실시되면서 대학 정원이 30퍼센트 늘었고, 졸업할 때쯤에는 여러 기업에 합격하여 어디로 갈지 고민했다. 1980년대 후반에는 임금이 20퍼센트씩 올랐고 1990년대 초부터 북방외교가 펼쳐져 비즈니스의 국경이 달라졌다. 필자 또래의 상사맨들은 전 세계를 누비며 물건을 사고팔았다. 국민의 70퍼센트가 본인이 중산층이라고 생각했다. 경제적으로 60년대생은 부를 이룬 세대이며, 인구 비중을 감안하면 다른 어떤 세대보다 지배력dominating power을 가진 세대다.

60년대생은 베이비부머의 중심세대이기도 하다. 1955~1963년생을 1차 베이비부머, 1968~1974년생을 2차 베이비부머라 부르다 보니 60년대생의 자리는 실종된 것으로 보인다. 그렇지 않다. 베이비부머를 1955~1974년생으로 보면 60년대생이 그 중심을 차지한다. 베이비부머를 1955~1959년생, 1960~1969년생, 1970~1974년생으로 나누었을 때 60년대생은 중간 10년 기간에 해당하며 그 숫자도 860만 명에 달한다. 민주화, 산업화 등 문화적 코호트도 동질적이라 응집력이 강하다.

하지만 응집력이 강하면 그만큼 반동과 분열이 생기기 마련이다. 1990년대부터 60년대생 내에서 서서히 격차가 나타나기 시작했다. 대기업이 글로벌 경쟁력을 강화하면서 세계 시장을 무대로 함에 따라 중소기업과의 임금과 이윤 격차가 나타나기 시작했다. 이러한 상황에 1998년 IMF 외환위기를 맞으면서 노동시장이 경쟁적으로 변했다. 신자유주의 물결로 인해 비정규직이 증가하고 ICT혁명으로 산업구조가 변하면서 산업별 임금 격차가 나타났다. 경쟁력이 약한 전통산업 분야 종사자들의 일자리는 사라지는데 새로운 기술 분야 기업에 들어간 사람들은 기회를 맞이했다. 게다가 2008년의 글로벌 금융위기, 2011년의 유럽 재정위기로 60년대생의 양극화는 고착되는 양상으로 전개되었다. 여기에 2010년대에 급등한 부동산 가격은 서울과 경기 남부를 벗어난 지역의 거주자들에게서 살아생전 서울에 살아볼 수 있는 희망을 빼앗아갔다.

  60년대생들의 출발은 엇비슷하게 보잘것없었지만, 인생 2막을 시작하는 경제적 출발은 여러 이유로 너무 다르게 되었다. 설상가상으로 인생 2막을 시작하려고 보니 '낀 세대'가 되어 있다. 이들은 부모님을 모시는 마지막 세대이면서 자녀에게 봉양받지 못하는 처음 세대, 즉 '마처 세대'다. 줄 건 다 주고 자신은 못 받는 세대다. 거기에다 고령화와 저성장을 맞게 된다. 국가재정이 악화되고 연금재정이 불안해질 수밖에 없다. 수명이 얼마나 길어질지 모르고, 노후자금은

넉넉지 못하고, 국가의 연금재정은 불안한 상황에서 인생 2막을 시작하는 실험 세대다. 쥐가 미로를 어떻게 찾는지 실험하듯이, 고령사회와 저성장사회에서 솔루션을 찾아가는 60년대생들을 사회는 관찰할 것이다.

이제 60년대생들은 역사의 주역에서 물러나는 듯 보인다. 하지만 앵글을 미래로 돌려보면 60년대생들은 다가올 초(超)고령사회의 주역이 된다. 우리나라는 2023년 65세 이상 비율이 총인구의 19퍼센트로 초고령사회 진입을 1퍼센트포인트 앞두고 있다. 초고령사회에 진입할 때 60년대생은 55~65세에 속해 있고 수적으로도 860만 명에 이른다. 시기적으로나 수적으로나 앞으로 20년 이상 초고령사회의 중심축이 될 만하다. 인생 1막을 고성장과 민주화의 주역으로 보내고 2막에서는 초고령사회의 주역이자 초고령사회의 중요한 자원이되는 것이다.

우리보다 고령화가 20년 이상 빠른 일본으로 눈을 돌려보자. 일

본 베이비부머의 중심에 해당하는 단카이세대는 초고령사회의 주역이 되고 있을까? 아쉽게도 단카이세대는 고성장의 혜택을 누렸으면서 노후 부담은 젊은 세대에게 떠맡긴다고 해서 '도망치는 세대'라고 불린다. 중심의 위치에 있다고 해서 누구나 주역이 되지는 못한다. 초고령사회의 주역이 되려면 개인적, 사회적 준비가 필요하다. 개인적으로는 각자의 노후 준비를 통해 사회에 주는 부담을 줄여야 하고, 사회적 책무도 져야 한다. 고령사회에서는 한정된 자원을 둘러싸고 세대 간 마찰이 일어나는데, 이를 상생의 길로 이끌 필요가 있다. 각자의 살길을 찾는 경쟁게임이 아닌 상생의 길을 찾는 협조게임의 길을 선택해야 한다. 지속가능한 사회를 목표로 하고, 세대 내에서 뒤처진 사람과 함께 가고, 세대 간에 상생해야 한다. 일본의 단카이세대를 반면교사로 삼아야 한다.

이 책은 초고령사회의 주역으로서의 60년대생의 역할과 대응을 살펴본다. 책은 크게 세 파트다. 1부에서는 60년대생의 경제적, 사회적 정체성을 살펴보았다. 3개 장으로 나누어, 부의 성장과 함께 나타난 세대 간 및 세대 내 불균형(1장), 재취업 노동시장을 떠도는 노마드족(2장), 액티브 시니어로서의 소비시장(3장)을 다룬다. 2부에서는 개인들이 스스로 어떻게 대응해야 하는지를 알아본다. 수명은 길어졌는데 노후 준비가 안 된 티토노스의 비극(4장), n차 인생에서의 경제적 대응 전략(5장), 비경제적 혹은 정서적 준비(6장)로 구성했다. 마지막 3부에서 세대 간 상생을 위한 정책적 대안을 제시한다. 이를 통해 60년대생들이 미래의 자기 삶과 사회의 지속가능성을 유지할 수 있는 해법을 모색하고자 했다.

이 책은 60년대생에게만 국한되지 않는다. 60년대생들을 파악하려는 기업과 비즈니스맨에게도 유용하다. 60년대생들의 정체성, 노동시장의 특징, 소비시장 등을 참조하면 된다. 젊은 독자들은 부모 세대가 어떤 삶을 살아왔고 앞으로 어떤 삶을 살지 이해하는 데 도움이 될 것이다. 노후 준비에 대한 2부의 내용은 60년대생만이 아니라

노후를 준비하는 사람 모두가 참고할 수 있다. 그리고 3부는 고령사
회의 정책 대안을 찾으려는 사람들이 참고하면 좋다.

저성장도 고령화도 밤의 도적처럼 닥칠 것이다. 우리가 알아챘을
때는 쓰나미 같은 충격으로 다가온다. 그 앞에 60년대생이 서 있다.
외환위기처럼 사회의 틀이 흔들리는 일은 일어나지 말아야 한다. 또
한 번 눈물을 흘릴 수는 없다. 중국 전국시대 소진은 '일을 잘 처리
하는 신하는 화를 바꾸어 복으로 만들고(전화위복轉禍爲福) 실패를 기
회 삼아 공을 이루어낸다(인패위공因敗爲功)'라고 했다. 이 말은 요행이
나 운을 이야기한 게 아니다. 강한 정신력과 불굴의 의지력의 중요성
을 말한 것이다. 60년대생들이 응집력과 의지를 바탕으로 위험을 기
회로 바꾸길 기원해본다. 초고령사회에서, 60년대생은 가지 않고 오
고 있다.

1부

60년대생, 그들은 누구인가?

2부

무엇을 준비해야 하는가?

3부 | 새로운 길을 향하여

60년대생,

지인과 이야기를 나누다 『60년대생이 온다』라는 책을 쓰고 있다 했더니, 반사적으로 "부자 세대 말이군요"라는 답이 나왔다. 흔히 60년대생을 산업화 과정에서 자라며 부를 이룬 세대라고 생각한다. 하지만 60년대생이 하나둘 퇴직하는 지금, 이들의 노후가 그렇게 녹록지 않다는 이야기도 들린다. 직장에서 조기퇴직하고 연로하신 부모님을 모시면서 자녀들 학비 때문에 체면 불고하고 재취업 전선에 뛰어드는 사람도 있다.

얼마 전 기업 담당자와 시니어 비즈니스 관련 인터뷰를 했다. 일찍부터 시니어 비즈니스가 앞으로 뜨는 산업이라고 했는데 뜨지도 않을뿐더러 실체가 불분명하고 어디를 타깃으로 해야 할지 막연하다는 것이었다. 시니어들은 시니어 제품을 싫어한다는 말도 있다. 한편으로는 AI를 활용하여 자율 주행하는 휠체어까지 나오고 있고, 스마트 워치에 심박수를 재는 장치가 탑재

그들은 누구인가?

된 것은 오래전 일이다. 시니어들이 심박수 재는 장치 때문에 스마트 워치를 선호하는지 식별할 수 없으니 답답하다. 시니어 비즈니스 시장은 눈에 띄지 않을 뿐 이미 널리 확산되고 있는지도 모르겠다.

1부에서는 60년대생의 특징을 살펴보되 실질적인 측면에서 접근했다. 1장은 60년대생들의 인구학, 경제 발전, 문화, 노동시장에서의 특징을 살펴본다. 이들은 극과 극을 살았으며 앞으로는 초고령사회의 주역이 될 것이다. 2장에서는 노동시장과 재취업 일자리에서의 60년대생 이야기를 살펴본다. 이는 인생 2막을 시작하는 개인들에게 도움이 된다. 재취업 노동시장은 체계화되어 있지 않기 때문이다. 마지막으로 3장에서는 소비시장 측면에서 액티브 시니어에 초점을 맞추어 이들의 소비력을 살펴본다. 지금부터 10년 이상은 액티브 시니어의 주역이 60년대생일 것이다.

다 같은
60년대생이
아니다

60년대생은 수적인 면에서나 문화적 동질성에서 강한 응집력과
에너지를 갖고 있다. 386이니 586이니 하면서 20년 동안
그 정체성을 유지하며 사회의 지배 세력을 구성한 것을 보면 알 수
있다. 하지만 이들은 극과 극의 세월을 살았고 세대 내에서 격차가 커진
세대다. 그리고 장수사회에서 출구 전략에 심각한 애로를 겪고 있다.
멀리서 대충 보고 뭉텅이로 판단하면 오류를 범하게 되므로
돋보기로 찬찬히 살펴보아야 한다.

50대 중반, 25년 근무,
3분의 2가 예상치 못한 퇴직

"예고 같은 건 안 하죠. 뒤통수 맞고 바로 나가는 거죠. 그건 어느 회사나 마찬가지예요." 한 근로자가 인터뷰에서 한 말이다. 퇴직 과정을 보면, 50~60대의 3분의 2는 예상치 못하게 빠른 퇴직을 맞이한다. 그러다 보니 퇴직 준비가 안 되어 있다. 퇴직 전 관련 교육을 받은 근로자는 4.3퍼센트에 불과했고 대부분은 준비 없이 퇴직하게 된다. 그리고 이들은 퇴직 후 재취업시장을 돌아다닌다. 그것도 10년 이상 오랜 기간에 걸쳐.

고도성장기에 직장 생활을 한 60년대생이 그 끝에 맞이하는 환경은 좋지 못하다. 미래에셋은퇴연구소는 50~69세 1,808명을 대상으로 퇴직과 재취업 현실을 조사했다.[1] 이들의 일자리 퇴직 연령은 중간값 기준으로 54세였다. 퇴직 연령 분포를 보면 55세, 58세, 60세에 많이 퇴직하는 것으로 나타난다. 평균 근속 연수는 25.3년이었다.

54세에서 25년을 빼면 대략 20대 후반에 일을 시작했음을 알 수 있다. 직장에서 일을 시작하는 연령은 늦고 퇴직하는 연령은 빠르다 보니 주된 직장에서 퇴직할 때의 근속 연수가 25년에 불과하다.

이 정도의 근속 연수로는 아무리 연금을 충실하게 납입했어도 노후 준비가 어렵다. 국민연금의 명목소득대체율 40퍼센트는 40년 근속 연수를 기준으로 하는데 이에 비하면 턱없이 짧은 편이다. 결국 노후 준비를 하려면 재취업은 선택이 아닌 필수가 되는 게 60년대생의 운명인 셈이다. 이들의 생애 경로는 '생애 주된 일자리 퇴직 ➡ 재취업 등을 통한 점진적 은퇴 ➡ 완전 은퇴'라고 볼 수 있겠다. 우리나라는 점진적 은퇴 기간이 다른 선진국에 비해 압도적으로 긴 특징을 갖고 있다.

재취업 현황을 보면 5060 퇴직자의 83퍼센트가 재취업을 한다. 그리고 지금도 일하고 있는 사람은 10명 중 6명이다. 재취업자의 절반이 2개 이상의 일자리를 경험하며 대략 2~3개의 직장을 옮기면서 일한다. 숫자로 보면 조사 대상 1,808명 중 1,504명은 첫 번째 일자리로 이동했고 이들 중 절반(767명)이 두 번째 일자리로 이동했으며, 그중 다시 절반(362명)이 세 번째 일자리로 이동했다. 5060세대는 퇴직 후에도 계속해서 일자리를 이동해가며 '일자리 노마드 시대'를 살아가고 있다.

퇴직 후 재취업을 하면 근로조건이 크게 변한다. 첫 재취업에서 가장 큰 폭의 변화가 일어난다. 퇴직 전에는 89퍼센트가 정규직 혹은 상용직 일자리에 있었지만 퇴직 후 첫 번째 일자리에서 상용직 비율은 46퍼센트로 뚝 떨어지고 이 수준이 계속 이어진다. 사업장

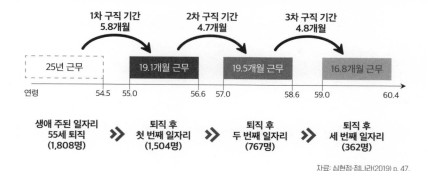

퇴직 후 일자리 재직 기간과 구직 기간

1차 구직 기간
5.8개월

2차 구직 기간
4.7개월

3차 구직 기간
4.8개월

25년 근무

19.1개월 근무

19.5개월 근무

16.8개월 근무

연령   54.5 55.0   56.6 57.0   58.6 59.0   60.4

생애 주된 일자리
55세 퇴직
(1,808명)

퇴직 후
첫 번째 일자리
(1,504명)

퇴직 후
두 번째 일자리
(767명)

퇴직 후
세 번째 일자리
(362명)

자료: 심현정·정나라(2019) p. 47.

"퇴직 후 2~3개의 직장을 옮기면서 일한다."

규모도 30인 미만인 곳에 재취업하는 비중이 퇴직 전에는 36퍼센트였다가 퇴직 후에는 55퍼센트에 이를 정도로 증가한다. 단순노무 종사자가 퇴직 전에는 4퍼센트였다가 첫 번째 재취업에서는 20퍼센트로, 세 번째 재취업에서는 33퍼센트로 증가하는 것도 특기할 만하다.

근로조건 악화는 임금에서 가장 두드러진다. 퇴직 전의 월평균소득은 426만 원이었으나 퇴직 후 첫 번째 재취업 일자리에서 소득은 퇴직 전 소득의 63퍼센트 수준으로 떨어진다. 그리고 세 번째 재취업 일자리에 가게 되면 퇴직 전 소득의 54퍼센트 정도가 된다. 재취업할 때 가장 아쉬운 점이 소득의 급감이다. 이런 상황에서 울컥 떠오르는 생각이 '왕년에 내가 어떤 사람이었는데' 하는 것이다. 자신이 퇴직 전에 데리고 있던 과장 월급에도 채 미치지 못하니 자괴감을 느끼는 것이다. 아쉬움이 있지만, 그럼에도 일할 수 있다는 장점이 있어서 아쉬움을 달랠 수 있다고 한다.

60년대생은 취업할 때는 좋았지만 퇴직할 때는 열악한 환경에 놓인다. 우선 베이비부머가 너무 많다. 1,700만 명에 가까우니 퇴직을 하고 또 해도 여전히 많은 수가 직장에 있다. 이들이 취직할 당시에는 노동집약적 산업 위주라 많은 인력이 필요했지만, 이제는 자본집약적 산업 위주인 데다 자동화로 인력 절감까지 되고, 설상가상 저성장 국면에 접어들다 보니 사람을 빨리 줄여야 하는 상황이 되었다. 따라서 앞으로 10년 이상은 퇴직의 줄이 이어질 수밖에 없다. 종신 고용에 노동시장의 이동성이 떨어지는 우리나라에서 좋은 재취업을 통한 연착륙은 어렵다. 앨버트로스(신천옹)가 땅에 착륙할 때처럼 경착륙을 하는 수밖에 없다. 50대 중반 한창때 주된 직장을 나오고, 주된 직장에서 근무 기간이 25년 정도이니 노후 준비는 되어 있지 않고, 불가피하게 찾는 재취업시장의 근로조건은 열악하다. 열악한 노동시장에서 73세까지 일을 한다. '남몰래 눈물을 흘리는' 60년대생, 이들은 어떤 세월을 살았기에 이런 상황에 처하게 되었을까?

79달러에 태어나 3만 달러에 퇴직

1960년 한국의 1인당 국민소득은 79달러로, 아프리카 가나와 그 수치가 비슷했다. 튀르키예가 275달러였다.[2] 당시 세계은행은 필리핀이나 미얀마의 앞날을 밝게 봤다. 한국동란의 폐허 위에 있던 한국 경제를 본 사람이라면 이렇게 전망하는 게 이상하지 않았다. 60년대생은 이때 태어났다. 지독하게 가난할 때 삶을 시작한 것이다. 하지만 지금 우리는 1인당 GDP가 3만 2,000달러에 달한다. 반면 필리핀은 3,400달러, 가나는 2,300달러에 머무르고 있다. 1996년에는 일찌감치 선진국들의 모임인 경제협력개발기구[OECD] 회원국이 되었다. 이처럼, 60년대생은 지독하게 가난한 때 태어나서 지독하게 번영하던 때 삶의 중요한 시기를 살고, 이제 인생 2막을 시작하려 하고 있다.

소득 79달러 사회의 모습은 어땠을까? 60년대에는 일자리가 없어 극심한 고통을 받았다. 군대와 대학이 일시적 피난처였다. 논밭과 소를 팔아 대학을 나왔는데 일자리가 없는 고등실업자가 양산되었다. 강준만(2010)은 높은 실업률이 4·19와 5·16의 원인 중 하나가 되었을 거라고 본다.[3] 농촌에서 소와 논을 판 돈이 대학으로 들어간다고 하여 대학이 우골탑(牛骨塔)이라고도 불리던 시기였다. 영화 「국제시장」의 덕수만 일자리가 없었던 게 아니라 대학을 나와도 고등실업자가 되었다. 영화에서 나오듯 실업 문제의 출구는 월남에서 열리고 있었다. 베트남 전쟁에서 약 10억 달러 이상의 외화가 벌렸다. 경제성장률도 월남 파병 이후 연평균 11.8퍼센트(1965~1969)로, 1960년대 전반에 비해 두 배가 넘었다.

성장을 했다고는 하지만 경제는 여전히 어려웠다. 1970년대 오일쇼크의 충격을 중동 건설 붐을 통해 근근이 줄이는 형편이었다. 그런데 1980년대가 되자, 영화 「서울의 봄」에서 보듯 민주주의의 봄은 빼앗겼지만 아이러니하게도 경제는 봄을 맞이한 것처럼 꿈틀거리며 살아나기 시작했다. 1985년 플라자 합의를 계기로 달러 약세, 저금리, 저유가가 동시에 진행되는 '3저 시대'가 열렸다. 달러 약세와 저금리로 외채 부담이 줄고, 저유가로 원유 수입액이 줄면서 1986년 사상 처음으로 경상수지 흑자를 기록했다. 신군부는 집권 후 물가 안정 등 경제 체질 강화에 주력했다. 체질을 강화하면서 때를 기다리던 중 세계적으로 찾아온 3저 환경은 그야말로 날개를 달아준 격이었다.

1960년 79달러이던 1인당 GDP가 1980년 1,714달러로 증가했는데, 1987년에는 무려 3,555달러를 기록했다. 복리 성장률로 환산하면 1980~1987년 7년 동안 연 11퍼센트에 이르는 고성장을 이루었다. 가구원 수가 4명이라고 하면 가구당 소득이 6,800달러에서 1만 4,000달러로 두 배가 된 셈이다. '단군 이래 최대 호황'이라는 말까지 나왔다. 60년대생은 바로 이때 본격적으로 사회에 진출하기 시작했다. 이 호황이 1997년 외환위기 전까지 지속되었으니 우리나라 경제가 날개를 펼 때 사회생활을 시작한 것이었다. 부모세대는 어려웠지만 60년대생이 사회 활동을 시작할 때의 경제 환경은 행운 그 자체였다. 그야말로 졸업장만 가지면 5~6개 기업으로부터 합격 통보를 받았다.

3저 호황을 기반으로 주식시장은 유례없는 호황을 맞았다. 종합주가지수는 1985년 말 163포인트에서 1986년 272포인트, 1987년 525포인트, 1988년 907포인트로 연평균 77퍼센트 상승했다. 주식시장을 통한 자금 조달도 급증하여 1986~1988년 공모 1조 3,362억 원, 유상증자 9조 1,732억 원을 기록할 정도였다.[4] 하지만 1990년부터 주식시장은 무너지기 시작하여 1991년 말에는 종합주가지수가 610포인트까지 떨어졌다. 증권회사에 친척을 둔 사람은 사돈에 팔촌까지 안 물린 사람이 없다고 할 정도였다. 주식시장 호황의 정점에서 증권회사에 들어가지 않고 장기신용은행에 첫발을 내디딘 게 그나마 필자의 행운이었다(물론 이것도 외환위기라는 큰 파고를 넘지는 못했다). 증권회사에 첫발을 내디딘 친구들은 직장에 들어가자마자 형극의 세월을 견뎌내야 했다.

60년대생에게 주어진 또 다른 우호적 환경은 1988년 국민연금제도의 도입이었다. 1987년 9월에 독립기관으로 국민연금공단이 설립되었으며, 국민연금제도는 우선적으로 1988년 1월부터 상대적으로 관리가 용이한 10인 이상 사업장의 '18세 이상~60세 미만' 근로자 및 사업주를 대상으로 시행되었다. 웬만하면 이때부터 대부분 국민연금에 가입하게 되었다. 이후 1992년 1월 1일 상시 근로자가 5~9명인 사업장의 근로자와 사용자를 가입 대상으로 포괄한 것을 기점으로 1995년 7월 1일 농어촌지역(군지역)으로 제도가 확대되었다. 60년대생의 대부분은 퇴직하면 국민연금을 충분히 받을 수 있는 자격을 갖춘 것이다.[5]

60년대생에게는 2000~2020년의 20년이 그야말로 성장의 황금기였다. 1인당 GDP가 2000년 1만 달러에서 2017년에 3만 달러를 넘어서는 초고속성장을 달성했기 때문이다. 성장률 연 복리 6.7퍼센트도 대단하지만 더 기록적인 것은 1만 5,000달러의 중진국 함정을 가뿐하게 돌파하여 바로 3만 달러에 안착했다는 점이다. 개발도상국으로 시작해서 선진국에 진입한 나라가 된 것이다. 이는 천우신조에 가까울 정도의 기적이다. 80달러에서 1,000달러로 성장하는 것, 1,000달러에서 1만 달러로 성장하는 것은 가능하다. 14억 인구의 중국도 1,000달러에서 1만 달러로 성장했다. 하지만 3만 달러는 차원이 다르다. 1만 달러, 2만 달러는 중진국이라는 말을 듣지만 3만 달러를 넘어가면 선진국 소리를 듣는다. 우리는 너무나도 가뿐하게 선진국이 되었다. 60년대생들이 과장, 부장일 때의 성장이다. 직장에 들어갈 때도 좋은 환경이었지만 한창 직장에서 성장할 때도 좋은 환경이었다.

60년대생은 숫자로 본다면 79달러에 태어났고, 3저 호황 때 직장을 들어가기 시작했고, 2000년대에 20년의 호황을 충분히 누린 뒤, 3만 달러에서 퇴직하고 있다. 후진국, 중진국, 선진국을 50년 삶에서 모두 경험한 유일한 세대다. 아마 세계적으로도 '배부름과 배고픔과 풍부와 궁핍에도 처할 줄 아는 일체의 비결'을 배운 세대는 60년대생이 유일할 것이다. 이러한 성장과 변화 속에서 60년대생의 응집력은 강화되고 파워가 형성되었다.

▌강한 응집력을 가진 세대

이들은 경제적 경험뿐만 아니라 코호트 측면에서도 응집력이 뛰어나다. 60년대생들은 베이비부머의 중간층을 이루고 있다. 1955년생부터 1974년생을 1, 2차 베이비부머라 하면 이들 숫자가 1,670만 명에 이르는데, 이 중 60년대생이 860만 명, 1955~1959년생과 1970~1974년생을 합하면 810만 명가량 된다. 그런데 1955~1959년생과 1970~1974년생은 사회적 경험을 공유하지 못하는 반면, 60년대생은 단일한 사회적 경험을 가진 연령층이 860만 명에 이른다. 중간이면서 중심을 이루는 이유다. 덧붙여 학력의 상승과 민주화가 이들의 응집력을 이끌어낸다.

1960년에 79달러이던 소득이 이들이 성인이 되었을 즈음인 1981년에는 1,880달러, 1989년에는 5,800달러로 증가했다. 경제력 증가는 고학력을 가능하게 했다. 1970년대만 해도 대학을 서울로 보내는 것은 엄두도 못 냈는데 1980년대에는 가능하게 되었다. 필자의 형님은 1954년생인데, 서울에 올라오지 못하고 지방에서 공부했다. 이후 누나 둘과 필자는 모두 서울로 올라왔다. 어머니는 장남인데도 불구하고 그 당시에는 서울로 공부를 보낸다는 걸 생각조차 못 했다고 하셨다. 60년대생이 성인이 될 때쯤 세상은 크게 변하기 시작했다.

학력 상승은 응집에 일조했다. 386세대라는 말에서처럼 80년대 학번을 내세우는 것만 봐도 이 시기 대학생 숫자가 급격하게 증가했다는 것을 알 수 있다. 고등교육기관 취학률을 보면 1980년에는 또래 중 대학생 비율이 11.4퍼센트였으나 1985년에는 22.9퍼센트로 두 배 가까이 늘고 이 수준이 1989년까지 이어진다. 1981년 대학졸업정원제 실시로 대학 입학 정원이 30퍼센트 늘어난 데 힘입었다. 실제로 1980년 대학 진학자는 11만 명이었으나 1985년에는 23만 명, 1990년에는 25만 명으로 증가했다. 그 이전에 비해 매년 10만 명이 많다고 해도 60년대생 전체로는 100만 명의 대학 졸업자가 추가된 셈이다.

학교에서도 비교적 편하게 공부했다. 8세 많은 필자의 형님은 중학교 입학시험, 고등학교 입학시험, 대학교 본고사를 모두 봤다. 그 당시 중학교 시험 때문에 '초등학교' 공부 열기가 보통이 아니었다. 형님은 아직도 나일강과 미시시피강의 길이와 백두산의 높이 등 자질구레한 상식을 꽤 많이 기억하고 있다. 필자는 고등학교 3학년 때 갑자기 입시제도가 바뀌면서 대학 본고사가 없어지고 대학교 정원이 30퍼센트 늘어나는 혜택을 받았다.

어느 세대보다 인구수가 많고, 그 이전 세대에 비해 고학력자 수가 급증한 60년대생들은 문화적 코호트에서 강한 동질성을 보유하게 되었는데, 바로 민주화를 통해서였다. 50년대생이 시작했지만 수적인 면에서 주도권을 잡은 것은 60년대생이었다. 60년대생 치고 최루탄 맛을 모르는 사람은 없다. 1963년생으로 서울대 공법학과를 졸업한 김영환은 1986년 '강철'이라는 필명으로 쓴 「강철서신」을 통해 북한의 주체사상을 노동계와 대학가에 퍼뜨린 NL 계열 주체사상파의 시조다. '서울의 봄'이 무산되는 환경에서 60년대생은 민주화라는 코호트에서 강한 응집력을 보였다. 박종철(1965년생), 이한열(1966년생) 열사 등 60년대생은 민주화 운동의 중심에 섰다. 이들의 응집력은 1990년대에 이르러 시민사회단체로 이어졌다. 당시 전국적으로 수천 개의 시민단체가 만들어졌으며 수백 개의 분야별 이슈로 분화되었다. 그와 동시에 분야를 넘나드는 연대를 통해 전국 조직 및 지역 네트워크가 구축되었다. 여기에서 민주노총과 참여연대가 시민사회단체의 쌍두마차로 떠올랐다.[6]

60년대생이 구축한 시민사회와 그 이전 세대 것들과의 차이에 대해 이철승(2019) 교수는 다음과 같이 말한다. "현대 한국의 시민사회를 이끈 운동권 세대는 한 세대의 네트워크다. 1970년대 후반에서 1980년대 후반까지 대학을 다닌, 짧게는 10년(80년대 학번), 길게는 15년 정도(77~78학번에서 92~93학번)에 걸친 '응집된 문화적 경험의 세대'이고 한국을 아래로부터 변화시킨 거대한 블록이다. 이렇게 광범위한 '문해 시민층'이 유사한 집합적·문화적 정체성을 가지고 조직화된 사례는 역사적으로 드물다."

외환위기와
글로벌 금융위기를 거치며

60년대생에게 꽃길만 있었던 건 아니다. 필자는 1989년 말에 증권사를 택하지 않고 장기신용은행을 택함으로써 이후의 주가 폭락에서 벗어날 수 있었지만, 1997년의 외환위기를 벗어나지는 못했다. 외환위기는 한창 재미있게 직장을 다니던 60년대생의 삶을 송두리째 바꿔버리는 사건이었다. 그 전까지 직장이 망한다는 것은 생각지도 못한 일이었다. 필자가 다니던 장은경제연구소가 없어지고, 은행으로 복귀했더니 은행마저 6개월 후에 국민은행과 합병했다. 6개월간 국민은행에서 일하다 미래에셋으로 옮기게 되었다. 본의 아니게 이력서가 복잡해진 이유다. 그 당시 가장 잘나가던 3인방인 장기신용은행, 리스사, 단자사가 모두 사라졌다. 지진으로 하루아침에 지형이 바뀐 것이나 다름없었다. 지각변동이라는 말을 실감하게 된 것이 이때였다.

1997년 외환위기는 대졸자의 경우 60년대생의 막내가 막 직장에 취업했을 때, 60년대생의 선두는 대리나 과장급으로 한창 미래를 보고 신나게 일할 때 일어났다. 고등학교를 졸업하고 취직한 60년대생은 이때 입사 후 10~15년 정도 된 중견급이었다. 사람들은 어려울 때면 흔히 외환위기 때인 IMF와 비교를 한다. 'IMF보다는 낫다', 'IMF보다 어렵다'는 말이 상용구가 되어버렸다. 하지만 아무리 어려워도 IMF 외환위기 때의 충격파와 같지는 않을 것이다. 그때는 직장뿐만 아니라 나라가 망하는 줄 알았다. 집에 있는 금을 모두 파는 '금 모으기' 운동이 벌어졌다. 금은 난리가 날 때를 대비해서 갖고 있는 물건인데 그걸 들고 나와서 팔았던 것은 나라가 망한다는 절박감 때문이었다.

1997년부터 3~5년 동안 기업은 사람을 뽑지 않았다. 있는 사람도 줄줄이 해고했다. 마치 동상 걸린 부위를 제거하듯이 거침없이 제거해갔다. '상사는 방패, 부하는 발판', '연말을 무사히', '살생부'라는 말들이 떠돌았다. 생계형 범죄가 속출했고 생명보험 해약 사례가 급증했다. 갖고 있는 비상금들을 다 찾아 쓴 셈이었다. 자기 신체를 잘라 보험금을 타기도 했다. 보험 사기 건수가 외환위기 이후 매년 평균 47퍼센트씩 증가했다. 1998년 9월 실업자 수는 157만 명, 실업률은 7.3퍼센트였지만 국제 기준으로는 200~400만 명 선에 이르렀다. 1999년에는 노숙자가 6,300명에 달했다.[7] 퇴직금도 중간 정산해서 썼다. 급전에 해당하는 신용카드 대출이 급증해서 카드사들은 엄청난 흑자를 기록하는 한편, 신용 불량자도 급증했다.

이때 필자가 잊지 못하는 두 장면이 있다. 밤 10시 반경 아파트 입구에 도착했는데, 부부가 자그마한 트럭에서 아직도 사과를 팔고 있었다. 트럭을 지나가면서 앞 운전석을 보니 애가 누워서 자고 있었다. 부부가 모두 일을 나와야 하는데 애 봐줄 사람이 없으니 데리고 나온 것이었다. 다른 장면은 볼펜, 연필 등을 필자가 일하던 사무실로 팔러 왔던 여성의 모습이다. 건물에는 보통 경비가 있어 '잡상인'이 못 올라오게 막는데 비상구로 올라온 듯했다. 그런데 등에 포대기로 애를 업고 있었다. 아마 남편이 실직하거나 사업이 망해서 볼펜이라도 팔아보려고 나선 모양이었다. 이런 장면을 보면서, 공자가 '정치는 호랑이보다 무섭다'라고 말한 이유를 알게 되었다.

그럼에도 우리는 IMF를 성공적으로 극복했고, 평균적으로 경제는 다시 놀랍게 성장했지만 그 이면에는 많은 잔재가 패잔병처럼 남았다. 시장의 가격 변수가 급변하면 잔재가 많이 남는다. 원/달러 환율이 900원에서 2,000원까지 갔다가 다시 1,000원으로 떨어지면 그래프를 보는 사람들은 그냥 '그런 일이 있었구나' 정도로 생각한다. 하지만 이 정도로도 수많은 기업의 생사가 왔다 갔다 한다. 실업자가 200만 명으로 증가했다가 다시 감소한다고 하지만 이 동안에 수

많은 사람의 일터와 가정의 운명이 왔다 갔다 한다. 엄청나게 잘되는 사람도 생기고 나락으로 떨어지는 사람도 생긴다. 변동이 크면 사람들 삶의 편차가 크게 확대된다. IMF 외환위기가 이랬다. 우리나라 경제에는 운석의 충돌 같은 충격이었으니, 얼마나 많은 사람의 삶이 발산하거나 수렴되면서 극과 극의 길로 가게 되었을지 충분히 짐작할 수 있다.

어려움만 있었던 것은 아니다. 외환위기 이후에 벤처 열풍이 불면서 '대박'이 난 사람도 있다. 주식가격이 300포인트 수준에서 단숨에 1,000포인트까지 오르면서 운명이 바뀐 사람도 많았다. 30퍼센트대 금리에 장기채권을 사서 이득을 보고 그 돈으로 캐나다 이민을 간 사람도 있다. 커피 전문점 테라로사의 김용덕 대표는 1960년생으로, 조흥은행을 21년간 다니다가 IMF 외환위기로 명예퇴직을 하고 나와서 테라로사를 창업했다. 조흥은행은 우리나라 최초의 민간 상업은행으로, 1897년에 설립되었으나 외환위기의 여파로 2006년 신한은행에 합병되었다. 이처럼 외환위기의 충격은 필자뿐만 아니라 수많은 60년대생의 운명을 바꾸었다. 그것도 다양한 스펙트럼으로.

여기에서 끝이 아니다. 외환위기를 극복하고 호기롭게 성장하던 한국 경제는 2008년 글로벌 금융위기로 또 한 번 어려움을 겪게 되었다. 겨우 정신을 차린 60년대생들은 외환위기 이후 10년도 채 지나지 않아 2차 충격을 받은 셈이다. 이때 주식가격이 절반이나 떨어지고 환율이 900원에서 1,600원으로 오르는 등의 어려움이 있었지만 우리는 잘 극복해냈다. 중국 경제가 계속 성장한 데다가 환율 약세로 수출 기업들의 이익이 증가했기 때문이다.

하지만 미국발 글로벌 금융위기는 우리나라가 외환위기로 노동시장의 안정성이 떨어진 상태에서, 다시 말해 비정규직 고용 등이 성행해서 해고 등이 자유로울 때 일어난 일이라 노동시장이 빨리 반응했고 근로자들은 그만큼 고통을 겪었다. 2007년 4년제 대학 졸업자 중 정규직 일자리를 구한 사람은 48.7퍼센트에 불과했다. 20대 근로자 중 95퍼센트가 평균 월급 88만 원을 받는 '88만 원 세대'를 비롯해서 '조기(조기퇴직)', '명태(명예퇴직)', '황태(황당하게 퇴직)', '동태(한겨울에 명퇴)', '구직 중독증' 세대 등[8] 세대를 불문하고 전방위적으로 노동시장의 불안정성이 커진 상태였다. 이런 상황에 글로벌 금융위기가 닥치면서 2009년 공식 실업자 수만 88만 9,000명이었으며, 비공식적으로는 400만 명에 달했다고 하는 사람도 있었다.[9]

정리해보면, 60년대생은 위기를 거치면서 세대 간 불평등과 세대 내 불균형을 야기했다. 산업구조의 급격한 변화와 외환위기, 금융위기와 같은 외적 환경 변화에 기인한 것이었다. 60년대생이 산업화 시기에 성장해서 부를 늘리는 과정에 공교롭게도 그 위 세대는 외환위기 때 사라지고, 그 아래 세대는 외환위기 이후 수년간 취업을 못함으로써 세대 간 경쟁의 승자가 되었다. 대기업 임원과 정치인 등 주요 위치에 60년대생이 공고하게 자리 잡은 것을 보면 알 수 있다. 한편, 세대 내의 불평등도 확대되었다. 1990년대 이후 신자유주의가 확산되고 산업구조가 전통산업에서 첨단산업으로 바뀌면서 60년대생 내의 경쟁에서 승자와 패자가 갈렸다. 경남 지역이 쇠퇴하고 경기 남부와 중부 지역이 발전한 것을 보면 산업구조의 변화가 해당 지역에 미친 영향을 알 수 있다. 60년대생이 한편으로는 많이 가진 세대로 보이지만 다른 한편으로는 노후 준비조차 되어 있지 않은 양극화된 세대로 비치는 이유다.

성장 가도를 달려오며 세대 간 경쟁에서 성공하고 지배 세대가 된 60년대생은 외환위기와 글로벌 금융위기, 그리고 산업구조 변화로 세대 내 삶의 편차가 확대되는 경험을 하게 되었다. 졸업정원제, 3저 호황, 3만 달러라는 환경을 공통적으로 가졌지만 두 번의 큼직한 경제위기와 ICT(정보통신기술)혁명은 이들 간의 편차를 크게 함으로써 세대 내 불평등을 가져왔다. 어느 세대보다 응집력이 강하지만 세대 내 차이도 큰 세대가 되어버렸다.

누구보다 '노력'을 믿는 세대, 노력은 보답되었는가?

60년대생은 태어날 때는 가난했지만 이후 일이 비교적 술술 풀려갔다. 노력하면 웬만하면 되는 분위기였다. 가정형편이 어려운 사람도 혼자 좌충우돌 배우면서 성공의 길을 걸었다. 앞서 말한 테라로사 김용덕 대표는 강릉상고를 나와 조흥은행에 들어갔고, 명예퇴직때 나와 창업했다. 초등학교 때부터 아이스케키 장사, 신문배달을 했다. 은행원 출신인 그는 커피뿐만 아니라 건축, 미학, 예술에도 관심이 깊다. 그는 건축물을 설계하는 건축가이기도 하다. 테라로사 본점부터 직접 설계하고 지었다고 한다.[10] 필자의 지인 중에도 상고를 나와 야간대학을 졸업한 뒤 서울대 경제학과 대학원을 졸업하고(당시는 대학원 입시 경쟁이 치열할 때였다) 행정고시에 합격하여 관료를 지낸 사람이 있다. 영어 공부를 위해 중학교 영어 교과서부터 외웠다는데, 책상에 그때의 단어장들이 꽂혀 있었다. 어느 날 휴학하고 재경고시를 봐야겠다고 하더니 하루에 꼬박 10시간을 계속 공부했다.

성공한 60년대생에게는 유독 '찢어지게 가난한'이라는 수식어가 많이 붙는다. 79달러에 태어났으니 당연하다. 하지만 한국 사회에 기회의 문이 열리면서 이들은 노력했고 그 보답을 받았다. 서울올림픽이 열리던 1988년쯤의 갤럽 조사에서는 인구의 75퍼센트에 달하는 사람들이 자신을 중산층이라고 생각했다.[11] 그래서 60년대생은 자녀 세대를 보면서 패기가 없다고 생각한다. 공무원, 공기업, 의사에만 몰리는 현상을 보면서 큰 꿈을 갖지 않는다고 한탄한다. 열심히 노력하고 보답받은 경험이 있기 때문이리라.

하지만 60년대생이 모두 노력에 대해 보답을 받은 것은 아니다. 외형적인 성장 뒤에 감추어진 속살을 보아야 한다. 급속한 성장은 그늘도 낳았다. 이들이 태어났을 때는 헝그리 사회였지만 퇴직할 때쯤인 지금은 앵그리 사회로 변하고 있다. 소득과 자산이 양극화되고 있다. 그 분수령은 외환위기였다.[12] 60년대생의 세대 내 분화 과정을 살펴보자.

외환위기는 경제의 작동 원리를 신자유주의라는 약육강식으로 만들었다. 세계적 대기업에 속한 사람들이 경쟁에서 이겼으며, 그뿐만 아니라 잡아먹히지 않으려고 조직화를 꾀하고 카르텔을 형성했다. 여기에서 소외된 사람들은 먹이로 전락했다. 노력하더라도 산업의 흐름에서 벗어났거나 거대 조직 속에 있지 않으면 경쟁에서 밀려났다. 노동시장의 이중구조가 형성되었다. 정규직과 비정규직, 대기업과 중소기업, 원청과 하청으로 임금과 근로조건이 달라졌다. 비정규직, 중소기업, 하청에 있으면 노력해도 한계가 명확했다. 내가 어디에 속해 있는지가 중요하지 내가 얼마나 노력하는지는 중요하지 않게 되었다. 구해근(2022)은 한국 사회에서 계급의 위치가 결정되는 데 직업의 역할이 줄어들고, 어떤 규모의 기업체에 있으며 어떤 고용 위치에 있느냐가 더욱 중요해졌다고 보았다.[13] 어떤 조직체에 있느냐가 운명을 결정하는 것이다. 마약 조직원이 카르텔의 보호를 받는 것처럼.

거제도에서는 개도 돈을 입에 물고 간다는 말을 들어봤을 것이다. 글로벌 금융위기 전부터 조선업의 호황은 엄청났다. 선박 수주받은 것을 헤지하느라 환율이 900원대까지 내려갔다가 글로벌 금융위기 때 그 부작용으로 1,600원을 넘어선 경험이 있을 정도였다. 조선업 하나가 외환시장을 들었다 놓았다 했던 것이다. 2015년에 거주하는 외국인이 1만 5,000명에 이르렀고, 아파트 가격도 2010년대 10년 동안 두 배가 되었다. 하지만 2010년대를 넘어서면서 조선업은 급속 하강했다. 10만 명을 직접 고용하고 십수만 사내 하청 노동자와 수십만 협력업체 노동자들의 일자리를 만들어주던 조선업이었다. 2013년에 현대중공업이 2,000명을 감원하고 사업구조 재편 계획을 발표했다.[14] 2,000명 정도면 많지 않다고 생각할 수 있지만 하청, 재하청으로 이어지는 고리를 감안하면 거의 눈덩이snow ball 효과가 일어난다고 봐야 한다. 대우조선은 분식회계로 시작된 위기를 겪으면서 2015년, 2016년 두 차례에 걸쳐 희망퇴직자를 모집했다. 2015년에 27만 명까지 갔던 거제시의 인구는 2023년 6월 기준으로 23만 5,000명이 되었다. 3만 5,000명이 줄었다.

반도체를 비롯한 4차 산업혁명 관련 기업과 고급 서비스업이 성행하고, 반면 전통 제조업은 쇠퇴했다. 현대중공업 군산조선소가 2017년 7월 가동을 중단했고 한국GM 군산공장이 2018년 5월 31일 문을 닫았다. 새로운 산업은 지방으로 내려오지 않고 판교, 화성, 동탄, 수원에 머물렀으며, 거기에서 좀 더 내려가봐야 대전 정도였다. 고급 인력이 땅과 같은 요소비용보다 더 중요하기 때문이었다. 1980년대에 공고를 나오고 제조업체에 취업하여 중산층의 생활을 누리던 사람

상위 10퍼센트 소득 집중도 국제 비교

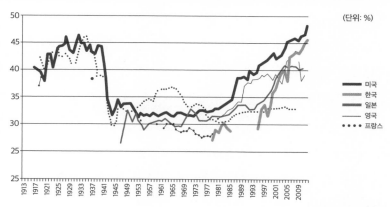

자료: 김낙년(2012)
주: 피케티 방식으로 계산하여 비교한 것임

"외환위기 이후 상위 10퍼센트의 소득 집중도가 높아졌다."

들 중 산업 변화에 잘 대응하지 못한 기업에 있던 사람들은 패자가
되었다.

이러한 변화는 소득 격차로 나타났다. 소득 집중도에 관한 김낙
년(2012)의 그림은 충격적이다(37쪽).[15] 수준과 속도 모두에서 외환위
기 이후의 변화를 알 수 있는 대목이다. 외환위기와 글로벌 금융위
기 두 번을 겪으면서 우리나라 소득 상위 10퍼센트가 전체 소득에
서 차지하는 비중이 세계 주요국 중 미국에 이어 두 번째로 높아졌
다. 불평등 진행 속도면에서 보더라도 외환위기 전에는 소득 집중도
가 30퍼센트를 밑돌면서 비교국 중 가장 낮았으나 외환위기를 겪으
면서 46퍼센트로 급속하게 상승했다. 특히, 외환위기 때인 1997년
전과 후를 보면 우리나라에서 외환위기의 구조 조정 과실이 상위
10퍼센트에 쏠렸음을 볼 수 있다. 이 그림의 종합소득에는 자본소득
이 포함되어 있지 않다. 부동산이나 주식의 양도차익이 제외되어 있
으므로 이것까지 감안하면 우리나라의 소득 불평등은 더 확대될 것
으로 보인다. 김낙년은 "근로소득의 불평등 정도는 2010년대 이후
횡보하고 있다. 반면 현재 불평등을 끌고 가고 있는 요인은 비근로소
득이다. 특히 배당소득을 중심으로 하는 비근로소득이 문제다. 배당
소득을 얻는 사람은 소수이지만 그 집중도가 높아서 최상위의 소득
은 빠르게 늘어난다." 하고 말한다.[16]

비근로소득에는 자산이 가세했다. 부동산과 주식가격이 2000년
대에 급등하면서 안정된 소득을 얻는 사람들은 대출을 통해 부동산
을 사고 부자가 되었다. 2014년쯤에 빚을 내서 집을 산 사람은 4~5
년 만에 집값이 두 배가 되었다. 2000년에 500포인트였던 주가지수

가 2021년에 3,000포인트가 넘자 자산을 통해 부를 '뻥튀기'한 사람이 생겼다. 소득과 자산에서 큰 격차가 나고 이제는 돌이킬 수 없는 '넘사벽'이 되었다. 김낙년(2012)은 소득을 근로소득과 종합소득으로 나누어서 상위 1퍼센트가 차지하는 비중의 추이를 구했는데, 1995년과 2010년을 비교하면 근로소득은 그 비중이 5퍼센트에서 7퍼센트로 증가한 반면, 종합소득 기준으로는 7퍼센트에서 12퍼센트로 올랐다.[17] 국회 기획재정위원회 소속 양경숙 의원이 2020년 9월 29일에 밝힌 '2018년 귀속 통합소득(근로소득+종합소득) 천분위 분석' 자료를 보면 근로소득과 종합소득을 합한 통합소득 기준 소득 상위 1퍼센트가 차지하는 소득 비중이 11.2퍼센트로 나타나 김낙년의 연구와 비슷한 것을 확인할 수 있다.

어떤 직장에 있느냐가 소득 격차를 가져왔을 뿐만 아니라 보유 재산이 소득 차이를 확대시켰다. 부동산이나 주식자산의 차익이 포함될 경우 격차는 더 확대될 것이다. 열심히 우직하게 노력하는 것 이외에 어떤 조직에 몸담고 있는지, 그리고 어디에 사는지, 나의 돈을 어디에 두었는지에 따라 격차가 생긴 것이다. 풍요 속에 있던 60년대생에게 아이러니하게도 '격차사회'가 도래했다.

승자와 패자의 격차, 세대 내 불평등

외환위기인 1997년에 1960년생은 37세였고 1969년생은 28세였다. 모두 사회 활동을 할 때였다. 그리고 2023년에 1960년생은 63세, 1969년생은 54세였다. 외환위기 이후 지금까지의 불평등 악화는 60년대생의 불평등 악화였으며, 달리 말하면 60년대생의 '세대 내' 불평등 과정이었다. 이 기간 동안 불평등 확대 속도를 보면 과거에 비해 승자와 패자의 격차가 확대된 것을 볼 수 있다. 여기에서는 격차를 중산층의 변화와 분화 과정으로 살펴본다.

KDI의 자료를 보면 2009년 전국 가구의 가처분소득을 기준으로 중위소득의 50~150퍼센트에 속하는 한국의 중산층은 56.7퍼센트였다. 1996년 68.5퍼센트였던 것이 2000년 61.9퍼센트, 2006년 58.5퍼센트, 2009년 56.7퍼센트까지 떨어졌다.[18] 13년 사이에 11.8퍼센트포인트가 줄어든 것이다. 비슷한 결과를 한국보건사회연구원의 자료에서도 볼 수 있다.[19] 동일한 기준으로 우리나라 중산층 가구 비중은 1997년 74.8퍼센트에서 2011년 67.8퍼센트로 하락했다. 외환위기와 글로벌 금융위기를 겪으면서 7퍼센트포인트나 줄어든 것이다.

체감 중산층 비율은 더 낮아졌다. 1980년대와 1990년대는 실제 중산층과 자기가 중산층이라고 느끼는 중산층의 비율이 큰 차이가 없었다. 하지만 외환위기 이후 2000년대에 들어서면 실제 중산층 비율도 낮아지지만 주관적으로 느끼는 중산층의 비율은 더 낮아진다. 체감 중산층 비율은 1980년대 말 75퍼센트에서 2010년대를 넘어서면 40퍼센트대로 떨어진다. 한국사회학회에서 2013년 조사한 바에 따르면 체감 중산층은 20퍼센트대로 나타나기도 한다.[20]

중산층의 몰락을 구해근(2022)은 다음과 같이 본다. 소득 상·하위

10퍼센트의 양극화는 신자유주의와 산업구조의 변화에서 비롯되었다. 상위 10퍼센트의 소득점유율이 1999년 32.8퍼센트에서 2016년에 49.2퍼센트로 늘어났는데, 이는 과거 중산층에서 분화된 것이다. 외환위기와 신자유주의적 경제 전환기에 승자와 패자가 나뉘고 과거 중산층의 상당수가 승자와 패자에 따라 각각 소득 하위층과 상위층으로 이동한 것이다. 그리하여 상위 10퍼센트에 속하는 사람들은 새로운 계급을 형성했는데, 이들은 고위 전문직, 대기업 관리직, 금융업자, 특수 기술자, 고위 공무원, 부동산 소유자 들이었다. IT화가 진행되면서 관련 기업의 연봉과 스톡옵션을 받는 사람이 생겼고, 대기업 고위직은 연봉이 올랐으며 금융투자업자들은 성과급을 수십억 원씩 받기도 했다.

반면 그 하위에서 진행된 양극화는 노동시장의 분절화로 발생한 정규직과 비정규직, 대기업과 중소기업 근로자 간의 격차였다. 그리하여 1980년대 중산층은 비교적 동질적이고 유동적이며 상향 이동이 가능했지만 현재의 중산층은 내부 분화되어 얇아지고 상향 이동에 제한을 받는 불안한 계층으로 변모했다고 볼 수 있다.

중산층이 분화하면서 상향으로 이동한 이들을 구해근은 '특권 중산층'이라 부른다. 이들은 계급 구별 짓기를 시도하는데, 과거처럼 노동가와 자본가가 아닌 중산층 내에서 상류 중산층과 일반 중산층을 구별하려 한다. 이 시도는 소비를 통한 신분 경쟁, 주거지의 계층적 분리, 심화되는 교육 경쟁 세 분야에서 일어난다. 소비와 주거지를 통한 구분은 소위 '강남 스타일' 계층 문화가 그 기준이 된다. 외식, 해외여행, 개인 트레이너, 피부관리 클리닉 멤버십, 고급 외제차, 값

비싼 아파트 등이다. 일반 중산층이 이 정도 소비 수준을 중산층으로 생각하게 되면서 주관적으로 중산층이라고 판단하는 중산층 비율이 뚝 떨어졌다. 또 우리나라에서 일어나는 특유한 현상으로, 계층을 구별 짓기 위한 계층 전쟁이 치열하게 일어나는 곳은 교육 영역이다. 가장 큰 변화는 공교육의 쇠퇴와 사교육시장의 성장, 그리고 해외 유학과 같은 교육시장의 세계화다.

특권 중산층은 자식세대에게 이를 물려주는 세습 중산층으로 옮겨가고 있다. 60년대생의 자녀세대인 90년대생은 재산, 직업, 교육, 혼인, 주택 등에서 부모의 뒷받침이 없으면 계층 이동이 어려운 세대가 되었다. 60년대생의 격차가 90년대생으로 이어지고 있는 것이다. 아이러니하게도 자녀세대의 격차는 다시 부모세대의 은퇴에도 영향을 준다. 좋은 직장에서 높은 소득을 올리는 자녀를 둔 부모와 성인이 된 자녀를 뒷받침해야 하는 부모를 비교해보면 안다. '부모세대 ➡ 자녀세대 ➡ 부모세대'로 이어지는 선순환과 악순환이다. 후자는 『임계장 이야기』[21]에서처럼 부모의 노후를 송두리째 빼앗아갈 수 있다.

이재열(2019)은 우리나라가 객관적인 중산층 데이터에 비해 주관적으로 생각하는 중산층의 비율이 훨씬 낮게 나타나는 특성이 있다고 본다. 그럼에도 지난 수십 년간 1950년대의 가난하지만 평등했던 사회에서 급속하게 불평등한 사회로 이동한 것은 사실이며, 그 결과 중산층이 붕괴해 희망 격차가 커지고 꿈도 가진 자에게나 해당하는 것으로 인식된다고 한다. 그러면서 세련된 고급문화와 대중문화 사이에 벽이 만들어지고 바야흐로 계급이 구조화되고 있다고 분석하고 있다.[22]

'마처 세대'의
실현 불가능한 은퇴

60년대생 교수와 식사를 하던 중 나온 이야기다. 그 교수는 요즘 조찬 포럼 총무를 맡아 식당 예약도 하고 참석자들한테 연락도 돌리고 심지어 조찬 때 서빙까지 한다고 했다. 그래서 그런 건 조교를 시키면 되지 않느냐고 물었더니, "요즘 이런 거 시키면 큰일 나요. 내가 조교 할 때는 교수님 골프 부킹도 다 하고 잡다한 심부름도 했지만 요즘에는 절대 그렇게 못 해요." 하고 답했다. 60년대생은 조교 할 때 갖은 잡무를 처리한 세대이지만 지금은 조교에게 전혀 시키지 못하고 본인이 해야 하는 세대가 되었다. 이 교수는 노모를 열심히 모시면서도, 자녀에게 봉양받을 생각은 하지도 않는다.

이처럼 60년대생들은 사회와 가족구조의 변화에 어정쩡하게 '낀 세대'가 되었다. 여전히 옛 의무를 따라야 하는 한편, 그에 따른 권리는 주장할 수 없게 되었다. 부모를 모셔야 하지만 자녀에게서 봉양받을 거라고는 꿈도 꾸지 않는 세대다. 이들을 '마처 세대'라고 부르는데, 이는 '부모를 부양하는 마지막 세대이자 자녀에게서 부양받지 못하는 처음 세대'라는 뜻이다. 부양받지 못한다는 것은 자녀에게 투자하고도 돌려받지 못한다는 의미다. 부모 부양과 수익성 없는(보답 없는) 자녀 투자, 이 둘은 결국 60년대생들이 부담해야 하는 비용이다. 그 비용은 과거의 통상적인 수준이 아니다. 부모세대의 장수로 인해 부모 부양 기간이 길어지고 높은 교육비와 낮은 취업률로 인해 자녀세대에 드는 비용도 증가한다. 거동이 불편한 부모의 경우 요양사 비용이 한 달 300~400만 원에 이른다.

'마처 세대'를 일본에서는 '더블케어'라고 부른다. 미래에셋은퇴연구소(2018)의[23] 조사에 따르면 5060세대 중 노부모를 부양(생활비 부담+간병)하는 경우는 62.4퍼센트, 성인 자녀를 지원하는 경우가 53.2퍼센트로 나타났으며, 노부모와 성인 자녀를 동시에 케어하는 더블케어의 비중이 34.5퍼센트로, 세 집 중 한 집꼴이었다. 심지어 더블케어 가구 중 손주가 있는 집의 42퍼센트가 손주도 돌봐주는 '트리플케어' 가구였다. 전체 가구로 보면 트리플케어의 비중은 5.6퍼센트에 이른다. 조사 대상 기간인 2017년 기준으로 보면 더블케어 가구는 성인 자녀에게 월 78만 원의 생활비를, 노부모에게는 월 40만 원을 지급하며, 양쪽의 생활비를 합한 118만 원은 가구 월평균소득의 20퍼센트에 해당하는 수준이었다. 여기에 간병비까지 더해지는 가구는 그 금액이 월 170만 원에 달했다. 이는 가구소득의 30퍼센트에 해당하는 비용이었다.

5060세대의 케어 유형별 비중

분류	성인 자녀 지원	부모 부양 (생활비 부담+간병)	더블케어 (성인 자녀+부모)	트리플케어 (성인 자녀+부모+손주)
비중	53.2%	62.4%	34.5%	5.6%

자료: 미래에셋은퇴연구소(2018).
주: 2017년 12월 5060세대 남녀 2,001명을 조사한 결과임

"더블케어 가구가 5060세대의 약 3분의 1을 차지한다."

문제는 저소득층이 더블케어를 하는 경우다. 소득이 낮기에 더블케어 비용이 소득에서 차지하는 비중이 높아지기 때문이다. 동 연구소에서 더블케어에 소요되는 비용이 가구소득의 25퍼센트 이상을 차지하는 가구를 '케어 푸어care poor'로 분류했더니 더블케어 가구 중 22퍼센트가 여기에 속했다. 전체 가구 대비 5.4퍼센트에 이른다. 이들이 성인 자녀와 노부모에게 지출하는 생활비(간병비 제외)는 가구소득의 36.3퍼센트였다.

60년대생 중에서도 저소득의 길을 걷는 사람에게 더블케어까지 닥치면 그야말로 헤어나기 어려운 상황이 된다. 일본의 경우 저소득에서 헤어나지 못한 사람은 주로 그 이유가 실직, 노부모 케어, 본인의 질병 등이었다. 일본은 그나마 성인 자녀 비용 부담이 우리에 비해서는 적다. 우리는 성인 자녀 비용까지 더해야 한다. 중산층이 양극화로 분열될 때 패자의 길을 걸은 사람에게 더블케어까지 더해지면 자신의 은퇴 준비는 거의 불가능해진다. 이것이 '마처 세대' 60년대생이 맞이하는 운명이다. 그래서 이들에게 남은 길은 좀 더 오래 노동시장에 머무르는 것이다. 근로조건이 열악하다 할지라도. 60년대생 중에는 맨손으로 시작하여 노후를 준비하고도 남을 만큼 충분한 부를 쌓은 사람도 많지만, 임계장처럼 열악한 재취업시장을 계속 전전해야 하는 사람도 있는 것이다. 2장에서는 이들의 궤적을 살펴본다.

아직
일하고
싶다

필자의 친구들은 신기하게도 재취업을 해서 이런저런 일을 하는데,
그 양태가 다양하다. 자격증을 따서 안착한 친구도 있고, 자신이
하던 일과 전혀 다른 일을 하는 친구도 많다. 60년대생이 퇴직
대열에 합류하면서 재취업시장의 문을 계속 두드리고 있다. 그러다
보니 취업자 증가 수도 60년대생이 가장 많다. 이들이 직면하는
일자리시장은 어떤 모습일까? 근로조건의 변화, 재취업의 유형,
재취업 성공 비결 등이 궁금할 것이다. 아쉽게도 이에 대한
체계적인 자료는 거의 없다. 60년대생은 지도 없이 항해하듯
재취업시장에 뛰어들고 있다.
이들의 실태를 개략적이나마 살펴본다.

「2장

비정규직으로 여는
인생 2막

우리나라는 주된 직장에서 나가 인생 2막을 시작하는 나이가 빠르다. 60세 정년이지만 실제로 대기업, 공무원, 공공기관을 제외하고는 정년 연령이 쉽게 지켜지지 않는다. 조사기관에 따라 차이가 있지만 50~55세에 주된 직장에서 나오는 경우가 많다. 주된 직장이라는 것은 주로 오래 몸담았던 직장 혹은 직장 생활의 정점을 이룬 곳이라 보면 되겠다.

우리나라의 퇴직 연령이 빠른 이유는 50대 베이비부머의 숫자가 많고, 임금체계가 연공형이어서 생산성에 비해 임금이 높으며, 정년 자체가 여타 선진국에 비해 5년 이상 빠르기 때문일 것이다. 고용유발계수(10억 원 재화를 생산할 때 다른 산업에까지 직간접적으로 파급을 주어 창출되는 고용자 수)가 낮은 제조업의 비중이 높은 탓도 있다. 2019년 기준 서비스업이 9.20명인 데 반해, 제조업은 4.72명이며 반도체의 경우 1.77명에 불과하다.[1] 덧붙이자면 전체 고용에서 정년 제도의 혜택을 누리지 못하는 중소기업의 고용 비율이 높기 때문이기도 하다. 전체 취업자 2,808만 명 가운데 종사자 300인 미만 중소기업 취업자는 2,509만 명으로 89.3퍼센트를 차지했고, 이 중 종사자 1~4인 중소기업 취업자가 990만 명이었다.[2]

이렇다 보니 55세를 넘으면 많은 사람이 주된 직장을 나와 재취업을 한다. 글로벌 기준으로 보면 이 노동시장은 바람직하지 않은 방향으로 독특한 특징을 보인다. 퇴직이 50~55세로 빠른데도 55~64세의 고용률이 68.8퍼센트로 여전히 높은 이유는 인생 2막의 재취업이 활발히 이루어지기 때문이다. 2023년 한 해 동안 고용자 수가 32만 7,000명 늘었는데, 이 중 36만 6,000명이 60세 이상이다. 60대의 고용 증가만 뽑아서 봐도 23만 5,000명으로, 전체 고용 증가의 72퍼센트를 차지할 정도다.[3]

문제는 임시직의 비중이 압도적으로 높다는 점이다. 55~64세 그룹의 경우, OECD 국가들에서는 임시직 비중이 8.6퍼센트인 데 반해 우리는 34.4퍼센트다. 거의 네 배에 이른다. 65세 이상의 임시직 비율의 격차는 더 크다. 무려 70퍼센트로, OECD 국가들에 비해 역시 네 배 더 크다. 55세를 넘으면 말 그대로 비정규직으로 인생 2막을 여는 셈이다. 우리나라는 주된 직장에서 일찍 나가고, 재취업시장에서 비정규직으로 가장 오래 일하는 독특한 노동시장 구조를 갖고 있다.

대표적인 사례가 『임계장 이야기』다. 이 책은 63세 임시 계약직 노인장의 노동일지로, 은퇴 후 계약직으로 일하게 된 이야기다. 임계

연령별 고용률과 임시직 비율 국제 비교(2022년)

	한국	OECD	G7	EU27	일본
15~24세 고용률	27.6%	42.8%	34.8%	47.3%	46.7%
55~64세 고용률	68.8%	62.9%	65.8%	62.3%	78.1%
55~64세 임시직	34.4%	8.6%	6.9%	6.2%	22.5%
65세~ 임시직	70.0%	17.1%	14.9%	17.4%	39.2%

자료: OECD, http://data.oecd.org/emp/
주: 고용률=취업자/해당 연령 그룹 인구

"55~64세 고용률은 비슷하나 임시직 비율은 한국이 압도적으로 높다."

장은 고·다·자라고 불리기도 하는데 이는 '고르기도 쉽고, 다루기도 쉽고, 자르기도 쉽다'라는 뜻이다. 저자는 베이비부머 세대로 38년간 공기업에서 정규직으로 일하다가 60세 나이에 퇴직했다. 왜 임계장을 선택했을까? 임계장은 베이비부머의 자화상을 그대로 드러낸다. 임계장이 퇴직할 당시 상황을 보면, 결혼을 했고 두 자녀가 있으며 딸은 출가했고 아들은 전문대학원에 진학하고 싶어 한다. 퇴직금은 중간 정산해서 집 사는 데 보태 썼고 임금피크제가 적용될 때 나머지 퇴직금을 받았다.

그런데 퇴직하자 생각지 않은 일들이 일어났다. 중소도시에서 광

역 도시로 발령받았을 때 대도시의 집값이 너무 비싸서 주택담보대출과 직장인 신용대출을 받았는데, 바로 신용대출을 갚으라는 독촉 전화가 왔다. 또 두 자녀의 학자금대출을 갚으라는 공문이 날아들었다. 저축한 돈은 딸의 혼사에 들어갔고 아들의 전문대학원 학비는 엄청났다. 이를 감당하려니 60세에 직장을 나오고도 쉴 수가 없었다. 더 팍팍한 생계 전선에 뛰어들어야 했다. 우리나라 베이비부머의 전형적인 모습이다. 주택가격 상승에서의 소외와 자녀 교육비 및 결혼비용 부담이 영향을 준 것이다. 또 하나, 자녀들이 독립해서 스스로 책임을 져야 하는데, 자녀를 모두 부모가 떠안으려는 관점의 영향도 있다. 이것 역시 우리나라 문화의 특징이라 볼 수 있겠다. 여기에 덧붙여 평균수명이 늘어나면서 부모를 모시는 마지막 세대가 부담하는 비용이 있다.

이러한 현실이 55세 이후 우리나라 노동시장을 세계에서 특이한 곳으로 만들었다. 15~24세의 고용률은 27.6퍼센트에 불과할 정도로 젊은 층은 일찍 독립하지 못한다. 우리나라의 높은 대학 진학률로 인해 OECD 국가들에 비해 15퍼센트포인트가 낮다. 해당 연령 집단의 고용률은 미국 51.1퍼센트, 독일 50.4퍼센트, 네덜란드 75.5퍼센트다. 영국은 18세가 되면 노동시장에 나온다. 자녀의 교육비 부담은 큰 데 반해 자녀의 독립은 늦어지는 게 우리가 당면한 현실이다. 이런 상황에서 퇴직 연령은 빠르다 보니 당연히 퇴직 후 비정규직 노동시장에서 오랫동안 일할 수밖에 없다. 그러지 않으면 노후 준비가 어렵다. 퇴직 후 재취업은 선택이 아닌 필수다.

60년대생은 인생 2막을 화려한 팡파르와 함께 시작해서 독서하며 여가를 즐기는 것이 아니라 비정규직으로서 노동시장에 다시 들어가 일하며 보낸다. 그리하여 전체 취업자 증가 수의 72퍼센트를 차지할 정도로 많은 수의 60대가 재취업시장에 뛰어들어 비정규직으로 70대까지 일을 한다. 재취업을 위해 여기저기로 옮겨 다니는 노마드가 되었다. 화려한 시작에 비해 출구는 초라하다. 그 구체적인 현황을 살펴본다.

▌재취업 노마드족(nomad族)

재취업 노마드족이 된 60년대생. 미래에셋은퇴연구소(2019)[4]에 따르면, 퇴직 후 3회 이상 다른 일자리를 경험한 사람들은 남성의 경우 4명 중 1명이었다. 60~64세의 30퍼센트가 3회 이상 재취업 일자리를 가졌고 재취업한 10년 남짓한 기간 동안 40퍼센트가 3회 이상 일자리를 바꿨다. 퇴직 전 직무에 따라서도 이동 횟수가 달랐는데 가장 이동이 많은 집단은 단순노무 종사자 집단이었고, 가장 이동이 적은 집단은 사무 종사자였다. 그야말로 풀을 찾아 초원을 돌아다니는 노마드족과 같다.

대체 일자리를 찾아 어디를 돌아다녔을까? 동 보고서의 내용을 참고하여 일자리 이동 유형별로 살펴보자. 크게는 취직과 창업으로 구분할 수 있고, 이를 다시 동종(同種)과 이종(異種)으로 구분할 수 있다. 취직은 임금근로자라고 보면 된다. 그럼 동종취직, 이종취직, 동종창업, 이종창업, 단순노무 등 5가지로 일자리 유형을 나눌 수 있다. 단순노무는 임금근로자이지만 다른 유형과 임금 등의 특성이 다르기 때문에 별도로 구분했다. 무역회사에서 부장으로 퇴직하여 다른 무역회사에 들어갔으면 동종취직, 가구회사에 재취업했으면 이종취직이다. 직접 소규모 무역회사를 개업했으면 동종창업, 가맹점을 차렸으면 이종창업이 된다. 마지막으로 아파트의 경비로 취업했으면 단순노무로 분류한다.

| 이동 유형별 정태적, 동태적 특징 |

퇴직자들의 재취업 유형별 비중은 57퍼센트 취직, 17퍼센트 창업, 25퍼센트 단순노무로 나타난다. 세분해서 살펴보면 동종취직이 34퍼센트, 이종취직 23퍼센트, 창업 17퍼센트, 임시직 및 일용직 단순노무 19.5퍼센트, 상용직 단순노무 8.4퍼센트다. 동종창업과 이종창업 모두 소규모 자영업 창업이 11.2퍼센트로 가장 많았으며 가맹점 창업이나 일반 자영업 비중은 낮았다. 우리가 우려하는 단순 소자본 창업을 가장 많이 한다는 뜻이다. 단순 소자본 창업은 시작은 쉽지만 경쟁이 치열해서 성공률은 낮다. 재취업을 보면, 전체적으로 단순 소자본 창업과 단순노무를 합한 비중이 36퍼센트에 육박할 정도로 높다. 이게 60대 재취업시장의 현황이다.

재취업의 특징을 동적으로 파악해보면 그 열악함이 더해짐을 볼 수 있다. 재취업 일자리는 2~3회 이상 바뀌는데 퇴직 후 재취업 시에는 이동 차수가 높을수록 근무조건이 열악해졌다. 우선, 첫 번째 재취업 때는 동종취직이 가장 많았으나 그다음 이동에서는 동종취직 비중이 낮아지고 단순노무 비중이 가장 높았다. 단순노무는 첫 번째 재취업에서 25퍼센트를 차지했으나 이후 세 번째 이동에서는 거의 37퍼센트를 차지하는 것으로 나타났다.

이동의 동태 경로에서 흥미로운 점은 첫 번째 재취업 일자리의 특징이 그 이후의 이동에 많은 영향을 준다는 사실이었다. 첫 재취업이 동종취직이었던 사람은 이후에도 동종취직으로 이동할 가능성이 높고, 첫 재취업이 이종취직이었던 사람은 이후에도 이종취직으로 이동할 가능성이 높았다. 이것은 창업과 단순노무에도 같이 적용되었다. 유의할 점은, 첫 번째 일자리 선택이 그 이후 일자리에도 영향을 주었는지, 아니면 첫 번째 일자리를 선택한 사람의 인적자본으로 인해 그 특성이 이후에도 일자리 이동에 영향을 주었는지는 구분하기 어렵다는 것이다.

| 이동 유형별 만족도 |

재취업 시 소득이 하락된 정도를 살펴보면, 동종취직은 32퍼센트 감소한 반면, 이종취직은 41퍼센트로 감소폭이 컸으며 단순노무 일을 하는 경우 49퍼센트로 가장 컸다. 일에 대한 주관적 만족도도 동종취직 〉이종취직 〉단순노무의 순서로 높았다. 예를 들어, 경비직에 있는 한 사람은 "경비직을 원해서라기보다는 할 수 있는 게 경비밖에 없더라고요." 하고 말했다. 이종취직자들 중에도 자기 경력을 활용해서 다른 직종을 택한 사람이 경력과 무관하게 재취업한 사람에 비해 만족도가 높았다. 물론 소득도 더 높았다. 경력과 관계된 경

우 소득이 36퍼센트 감소되었지만 경력과 무관한 곳으로 이종취직한 경우 임금 감소폭이 47퍼센트나 되었다. 자신의 전문성과 조금이라도 관련성이 있는 직종으로 재취업한 경우, 소득과 만족도 모두 높았다. 창업의 경우도 동종창업이 이종창업보다 소득이나 만족도가 높았다. 자신의 퇴직 전 일과 관계있는 일을 퇴직 후에 이어가는 것이 소득이나 만족도면에서 낫다는 것을 볼 수 있다.

| 이동 유형별 재취업 과정 |

재취업 방법 1위를 차지한 것은 무엇일까? 사업체 문의? 자격증 취득? 지원 센터 방문? 가장 높은 비중을 차지한 것은 직장 동료, 지인 등에게 일자리 소개를 부탁한 경우였다. 동종취직은 그 비중이 50퍼센트에 이르렀고 이종취직도 36퍼센트였다. 단순노무는 지인 소개 이외에 정부의 재취업 센터를 방문해서 일자리를 구한 경우도 많았다. 일반적으로 퇴직 전 유예 기간 동안 이력서를 넣고 그동안의 인적 네트워크를 통한 인사청탁으로 다음 일자리를 구했다. 아니면 퇴직한 것을 알고 지인이 먼저 연락해오기도 했다. 이종취직은 동종 취직과 달리 자격증 취득과 재취업 교육기관 이수를 통해 직장을 구한 경우도 많았다.

흥미 있는 것은 재취업의 성공 요인이다. 동종취직자의 경우 '현직에 있을 때 경력을 잘 쌓고 관리한 것'이 1위를 차지했고 '인적 네트워크'가 그다음을 차지했다. 자신의 전문성과 인적 네트워크가 성공 요인이었던 셈이다. 반면에 이종취직은 '눈높이를 낮추고', '필요한 자격증을 미리 준비한 것'이 성공 요인이었으며, 단순노무의 경우에

재취업에 도움이 된 요소

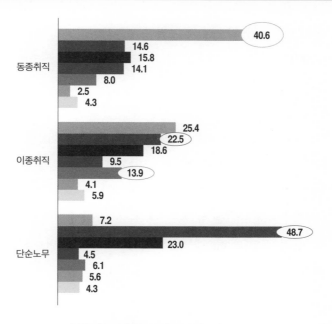

■ 현직에 있을때 경력을 잘 쌓아두었다
■ 눈높이를 낮추고 지속적으로 구직을 시도했다
■ 사적으로 알고 지낸 지인의 도움을 받았다
■ 업무적으로 도움이 되는 인맥을 관리하고 있었다
■ 필요한 자격증을 미리 준비했다
■ 제도적 지원을 적절히 활용했다
■ 기타

자료: 심현정·정나라(2019), p. 69.

"경력 관리, 인적 네트워크, 눈높이 낮추기가 재취업에 도움이 된다."

는 '눈높이를 낮추고 지속적으로 구직을 시도한 것'이 48퍼센트라는 압도적으로 높은 비중을 차지했다. 이를 달리 말하면 자신의 전문성과 인적 네트워크가 있으면 동종취직을 시도하고, 없으면 필요한 자격증을 준비해야 하며, 이것도 어렵다면 눈높이를 낮추어야 한다는 뜻이다.

자신의 경력을 잘 관리하고 인적 네트워크를 잘 쌓은 사람이 재취업에서 유리한 위치에 있는 것을 볼 수 있다. 동종취직, 이종취직 모두에서 인적 네트워크는 중요한 요인이다. 그리고 경력과 무관한 일자리로 옮기는 데는 자격증이 중요한 요소가 되며, 이종취직이나 단순노무에서는 눈높이를 낮추는 게 성공 요인이었다는 것을 알 수 있다. '퇴직 전 경력 관리, 네트워크 관리, 자격증 준비, 눈높이 낮추기'가 재취업 노마드에서 생존하는 비결이다.

재취업 노마드에서
생존하는 5가지 전략

우리나라 60년대생은 재취업 노마드 운명을 피하기가 어렵다. 운명이라면 이겨낼 방법을 찾는 게 현명하다. 미래에셋은퇴연구소(2019)의 취업 전부터 재취업까지의 일자리 이동에 대한 설문조사 자료에서 몇 가지 재취업 성공 전략을 찾아볼 수 있다.

첫째, 퇴직은 자신의 예상보다 일찍 닥치므로 체계적인 재취업 준비가 필요하다. 필자는 살면서 한 가지 교훈을 얻었다. '나는 예외겠지'라고 생각하지만 대부분은 '평균의 법칙'을 벗어나기가 어렵다. 퇴직을 50대 중반에 하는 것에서 나는 예외일 것이라 생각하지만 나 역시 50대 중반에 이르면 퇴직 대열에 속하고, 90세까지 살면 좋겠다고 생각하지만 80대에 이르면 나도 사망 대열에 속한다. 그러다 보니 세상은 내가 생각하는 것보다 더 빠르게 진행된다.

설문조사에서도 40퍼센트가 퇴직 시점이 예상보다 빨랐다고 답했으며, 예상조차 하지 못한 사람도 24퍼센트나 되었다. 둘을 합하면 무려 64퍼센트가 자신이 예상한 퇴직 시점과 실제 퇴직 시점이 달랐다. 그러니 재취업을 준비할 겨를이 없었다. 요즘 대기업에서는 일찍부터 퇴직 후 경력 관리에 대한 교육을 진행하는데, 50세부터 시작해서 60세까지 이어진다. 퇴직까지 시간이 남았더라도 자신의 방향을 정하고 이를 이루기 위한 숙성의 시간을 주기 위해서다. 필자는 퇴직 전 9년 동안 은퇴자산 관리에 대한 전문성을 쌓았고, 이 전문성이 퇴직 후 독립하는 데 큰 도움이 되고 있다. 투자 쪽 관련 일을 오래 하면서 자산 관리 전문성을 갖추고 여기에 은퇴연구소에서 은퇴에 관한 지식을 쌓은 것이 이 둘을 결합한 '노후자산 관리', '생애자산 관리', '은퇴자산 관리'라는 경력으로 이어졌다. 일찍부터 체계적으로 재취업을 준비할 필요가 있다.

둘째, 자신의 전문 경력을 확보하고 인적 네트워크를 잘 관리한다. 설문조사 결과뿐만 아니라 주변의 경험을 보더라도 자신의 평생 경력을 재취업으로 이어간 경우에 연착륙도 가능하고 만족도도 높왔다. 아무래도 직종을 달리하게 되면 거기에 적응하는 비용과 스트레스가 크기 마련이며, 전문성이 높지 않으므로 대우도 좋지 않다. 그래서 이종 직종을 선택하는 경우 자격증 등을 통해 자신의 전문성을 입증하는 경우가 많다. 결국 동종취직 혹은 이종취직 모두에서 전문성이 중요한 역할을 한다. 그런 의미에서 재취업은 자신의 경력을 이어가면서 그중에서도 좁은 범위로 전문성을 깊게 하는 쪽이 좋다.

동종취직에서 가장 많이 활용된 구직 방법이 인적 네트워크다. 구직의 절반 이상이 자신의 인적 네트워크를 통해서 이루어졌다. 인적 네트워크가 깊을 필요는 없다. 확실하게 믿었던 곳에서 일자리를 소개받기보다 느슨한 네트워크에서 일자리를 소개받는 경우가 의외로 꽤 있다. 인적 네트워크는 폭넓게 가져가는 것이 좋다.

셋째, 일자리 포트폴리오를 갖는 게 좋다. 자기 소개 자리에서 자신을 '잡직'이라고 소개하는 60대가 많다. 이것저것 걸치고 있는 일이 많다는 뜻이다. 재취업 때는 소득이 크게 하락하기 때문에 어느 하나의 일자리로 소득을 마련하기는 어렵다. 필자는 경영자문역, 겸임교수, 비상임이사, 전문강사, 저술가로 일하고 있다. 4가지 일의 포트폴리오를 갖고 있는 것이다. 이들에서 나오는 여러 소득들이 필자의 재취업 근로소득을 만들어주고 있다. 그런데 이러한 포트폴리오는 소득을 얻기 위한 것만이 아니라 보람을 찾기 위해, 혹은 사회에 봉사하기 위해, 혹은 보다 먼 미래의 일을 위한 것이기도 하다. 재취업 초기에는 소득을 위해 일하는 비중이 높지만 후기에 들어서면 삶에서의 역할이나 보람을 위해 일하는 부분이 늘어나도록 설계되어 있다. 젊을 때는 직장 하나로 충분하지만 재취업 이후에는 일의 포트폴리오가 필요하다.

넷째, 근로소득과 금융소득의 유기적 관계를 잘 설정한다. 재취업 때 소득이 40퍼센트 이상 줄어들므로 여기에 맞게 소비도 줄여가야 한다. 하지만 이것만으로는 충분하지 않고 금융소득으로 부족분을 충당해야 한다. 그뿐만 아니라 근로소득이라는 완충 지역의 소득이 있으면 금융자산을 좀 더 적극적으로 운용할 수 있다. 적극적인 운용을 하면 수익이 높아질 기회도 많아진다. 근로소득의 또 다른 장점은 금융자산의 소진 속도를 늦추어 보다 오랫동안 금융소득을 낳게 하고 노후 파산의 확률을 낮춘다는 것이다. 근로소득으로 지출을 일부 충당하여 금융자산의 소진 속도를 늦추고, 금융자산의 효율적 운용을 통해 금융소득을 높이는 상생적, 유기적 관계를 만들어야 한다. 그 상생의 출발은 근로소득에 있음을 명심하자.

마지막으로, 퇴직 전에 '재정소방훈련'을 실시한다. 소방생활법률에 따르면 1년에 1회 이상 소방훈련을 실시해야 한다. 불이 난 경우를 상정하여 소화·통보·피난 훈련을 실시하는 것이다. 재정소방훈련이라는 표현은 법학자이자 상원의원인 엘리자베스 워런이 주장한 것으로, 맞벌이 부부의 파산을 연구하면서 사용한 말이다. 자녀를 둔 맞벌이 부부는 소득이 많으므로 지출에 관대한 편이다. 그래서 이들은 자녀들의 성공을 위해 좋은 학군 내 주택을 구입하는 용도로 대출을 받았다가 갚지 못하고 파산하는 경우가 많았다. 대출을 받는 시점에는 부부 두 사람의 소득이 많다 보니 거기에 맞춰 원리금 상환 계획을 세우지만, 둘 중 한 사람이라도 실직을 하면 상환 계획에 차질이 생겼다. 워런은 이 같은 문제를 예방하기 위해 소득이 많은 맞벌이 부부에게 재정소방훈련을 실시할 것을 제안했다. 소득 감소 충격이 있으면 소비도 거기에 맞게 줄일 수 있는지, 부채의 원리금 상환은 가능한지 점검해봐야 한다는 뜻이었다.

재취업을 하면 마찬가지 상황에 직면한다. 소득이 40~50퍼센트가량 감소하는데, 이는 부부 한 명의 소득이 줄어드는 것과 비슷하다. 특히 50대 초반에 퇴직하는 경우라면 그 충격이 맞벌이 부부 중 한 명이 실직했을 때와 별반 다르지 않다. 주된 일자리에서 퇴직하면 재취업을 하더라도 소득이 큰 폭으로 줄어드는데, 소득이 준다고 해서 생활비까지 줄어드는 것이 아니다. 따라서 주된 일자리에 재직하는 동안 향후 줄어든 소득에 맞춰 살아가는 재정소방훈련이 필요하다. 특히, 대출 원리금 상환, 월세, 각종 할부금, 자녀 학비와 주거비 등과 같은 경직적인 지출 비중, 혹은 고정비용이 크지 않은지를 살펴보아야 한다.

█ 평생 일만 해야 하는가?

재취업을 강조하면 많은 사람이 이에 동의하면서도 '도대체 평생 일만 하란 말인가?' 하고 불만을 토로한다. 우리는 평생 일만 하는가? 우리의 근로 기간이 세계에서 가장 긴가? 맞다. OECD에 따르면 우리나라에서는 73세가 되어야 완전한 은퇴를 한다. 어느 나라보다 늦게 은퇴하니 평생 일만 하는 셈이다. 그런데 주된 직장에서의 퇴직 연령은 아주 빠른 편이다. 선진국은 정년이 65~70세이며 북유럽은 60대 후반, 일본은 70세다. 우리나라는 법으로 정해진 정년은 60세이나 실제로는 이보다 5년 이상 빠르다. 주된 일자리에 있는 기간만으로 본다면 우리는 선진국에 비해 10년 정도 짧은 셈이다.

　설상가상으로 우리는 처음 일자리를 갖는 시기가 늦다. 대학 진학률도 높을 뿐만 아니라 남성의 경우 군대를 대략 2년 정도(입대와 제대 전후를 합산한 기간) 의무 복무해야 한다. 우리나라 고등학교 졸업자 중 대학에 진학하는 사람들은 73퍼센트(2022년)에 이른다. 이 중 전문대 진학률 25퍼센트를 감안하면 군 복무 없이 대학 공부 기간만 3.3년 정도 된다. 여기에 재수와 남자의 군 복무 기간까지 더해지면 청년 고용률이 낮아질 수밖에 없다. 실제로 우리나라 15~24세 고용률은 27퍼센트로, OECD 평균 42퍼센트에 비해 한참 낮다.

　우리나라 사람들은 늦게 일자리를 갖고 주된 일자리에서 일찍 나온다. 노후 준비가 잘 되어 있는지는 간단한 산수 계산만으로 알 수 있다. 다른 선진국에 비해 10년 이상 주된 일자리 기간이 짧으면 노후 준비는 사실상 불가능하다. 이 기간을 재취업으로 보완해야 한다. 재취업의 근로소득은 주된 일자리 기간의 60퍼센트 정도에 불과하므로 서구 사람들과 같은 노후 준비를 위해서는 1.6배(=100/60)만큼 더 긴 시간이 필요하다. 5년을 일찍 퇴직하면 8년을 더 일해야 서구 사람들의 소득 정도가 된다. 서구 사람들이 65세, 우리가 55세 퇴직이라고 하면 16년을 더 일해야 하는데, 이 경우 71세가 은퇴 연령이 된다. 어림셈으로도 OECD에서 추산한 우리나라 은퇴연령 73세와 비슷하다.

거기에다 우리는 교육비와 결혼비용 같은 성인 자녀 비용을 부모가 많이 부담한다. 대학 진학률이 높아 직장에 들어가는 시점이 늦으므로 그만큼 오래 성인 자녀의 교육비와 생활비를 부담해야 한다. 게다가 전세 위주로 이루어진 우리나라 주택시장에서 자녀의 결혼비용 부담도 만만치 않다. 선진국과 우리의 노후 준비 격차는 연금제도 문제가 아니라 노동시장, 교육시장, 가족 문화에 기인한 것이다.

퇴직하면 400클럽 가입을 축하한다는 말을 듣는다. 월급을 400개월 동안 무사히 받은 것을 축하한다는 의미다. 400개월은 33년 4개월이다. 우리나라 노동시장에서는 33년 이상 근무하면 장수 근무로 축하받는 것이다. 41년 8개월을 근무하면 500클럽이 되니 서구 사회에서는 500클럽에 주로 가입하게 되는 셈이다.

이처럼, 우리나라와 여타 선진국은 은퇴 준비에서 100개월의 월급 차가 난다. 가구 기준 월 500만 원은 100개월이면 5억 원이다. 은퇴자산이 5억 원 차이 나는 것이다. 심지어 2020년 기준으로 국민연금을 수령하는 사람들 중 가입 기간이 20년 이상 되는 비중은 18.8퍼센트에 불과하다고 하니[5] 우리는 서구에 비해 은퇴자산이 크게 적을 수밖에 없다. 독일에서는 벤츠와 BMW를 타는 사람들이 연금 생활자이고, 근로자들이 은퇴하는 날을 기다리는 이유가 그만큼 오래 노동시장에서 일했기 때문이다.

국민연금 명목소득대체율 40퍼센트는 국민연금 가입 기간이 40년일 때의 가정이다. 도대체 40년이나 가입하는 사람이 몇 명이나 된다고 이런 기준을 설정했을까? 그건 서구 국가들에서는 실제로 주된 직장에서 40년 정도 일하기 때문이다. 그 기준을 따르다 보니 명목소득대체율(40퍼센트)과 실질소득대체율(22퍼센트)의 갭이 큰 것이다. 우리는 서구 국가에 비해 주된 직장에서의 근로 기간이 짧다. 반면 비정규직으로 오래 일하다 보니 느낌은 오랫동안 일한 것 같지만 좋은 노동시장에서 일한 기간은 짧다.

우리는 60세 정년이라는 틀에 얽매이면 안 된다. 이 틀 때문에 60세 넘어 일하면 괜히 오래 일하는 느낌을 갖게 된다. 심지어 눈치도 보인다. 기준을 국내에 두지 말고 서구 국가들의 정년 연령과 노동시장에서 일하는 기간에 두어야 한다. 은퇴 준비를 잘 하려면 400클럽이 아닌 500클럽에 가입할 정도가 되어야 한다. 우리나라 노동시장의 현실은 400클럽 가입을 축하할 정도이니 안타까울 따름이다. 당연히 은퇴 준비는 미흡하다. 제도가 이렇게 되어 있다고 해서 개인도 여기에 매몰되면 안 된다. 은퇴 준비를 위해서는 글로벌 기준의 노동 기간, 100세 시대의 수명을 기준으로 삼아야 한다. 우리의 연간 노동시간은 길지만 주된 직장에서의 생애 노동기간은 짧음을 명심해야 한다. 필자는 이제 400클럽에 가입했지만 500클럽을 향해 발을 내딛는다.

▌정년 연장과 청년 일자리

정년 연장은 기업의 특성에 따라 다양하게 영향을 준다. 공무원, 공공기관, 대기업은 비교적 정년이 지켜지지만 중소기업은 그렇지 않다. 평균적으로 60대의 일자리와 정년 연장은 밀접하게 관련되어 있다. 정년을 연장하면 주된 일자리에서 퇴직하는 연령이 늦어진다. 프랑스가 진통 끝에 정년 연령을 62세에서 64세로 늘렸고, 유럽 국가들은 65세 이후이며, 일본은 70세다. 미국과 영국은 연령 차별 금지 차원에서 정년퇴직 연령을 폐지했다. 우리가 이들 국가에 비해 아직은 고령화 비율이 낮은 탓에 현재는 정년이 60세로 되어 있지만 고령화가 진행되면서 정년은 조금씩 연장될 것이다.

정년 60세는 2013년에 입법화되어 2016년부터 단계적으로 시행되었다. 그 이전에도 정년을 60세 이상으로 정하도록 노력할 의무가 있었으나 2013년의 입법으로 각 사업장에서 자율적으로 정하던 정년이 공공 부문을 비롯하여 대부분의 민간 사업체에서도 60세 이상으로 의무화되었다. 문제는 2가지다. 정년이 연장되면 정말로 고용기간이 늘어날 것인가. 임금피크나 권고사직 등으로 정년 전에 고용이 미리 감소될 수도 있기 때문이다. 또 하나는 청년 고용이 위축될수 있다는 점이다. 정년 연장으로 노동비용이 급격히 증가하면 해당사업체에서는 정규직 고용을 유지하는 대신 신규 채용을 줄일 수있기 때문이다. 만일 그렇다면 60년대생과 2030(20~30대)은 정년 연장을 두고 어떤 사회적 합의점을 찾아가야 할까?

정년 연장은 50대 중반에 주된 일자리에서 퇴직하고 73세까지 재취업시장에서 일해야 하는 중년들의 문제를 해결하는 데 긴요하다. 하지만 우리나라 노동시장의 특수성을 감안해야 한다. 정년 연장의 혜택이 공공 부문과 일부 대기업에 집중되고 중소기업은 여기에서 소외될 경우 상대적으로 노후 준비가 잘 되는 근로자에게 정년 연장의 혜택이 돌아가기 때문이다. 반면 그 반작용이 청년들에게 미친다.

청년들이 원하는 직장으로는 공공 부문이나 대기업의 비중이 높다. 고용자 수로 볼 때 중소기업의 비중이 89퍼센트이고 기업 수로는 99퍼센트를 차지하는 상황에서 청년들의 구직 수요가 일부 대기업에 집중되고 있다. 그런데 이들 기업에서 정년 연장을 충실하게 시행할 경우 연공서열제가 존속하는 우리나라 노동시장은 노동비용 부담이 커지고, 기업은 자연스레 신규 고용을 줄이는 것으로 대응하게 된다. 청년들에 대한 노동 수요가 줄어 취업률이 떨어지고 청년들이 직장에서의 경험을 축적하지 못하면 장기적으로 심각한 인적자본 손실이 초래된다. 1990년대 일본의 저성장기에 취업을 못 하고 프리터(자유를 뜻하는 프리free와 노동자를 뜻하는 아르바이터arbeiter를 합한 말)로 살아가던 젊은이가 40, 50대가 되어서도 비슷한 일을 반복하고 있음을 주목해야 한다.

정년 연장은 청년 고용을 보편적으로 감소시킨다. KDI 한요셉 박사[6]의 연구에 따르면 정년 연장의 대상이 1인 증가할 때 민간 사업체에서는 평균적으로 0.2명의 청년 고용이 감소하는 것으로 추정되었다. 특기할 만한 것은, 사업체 규모가 크고 고용보호가 상대적으로 강한 분야에서 정년 연장이 청년 고용에 미치는 부정적 효과가 두드러졌다는 점이다. 공공 부문에서는 청년 고용 감소가 나타나지 않았는데 이는 임금피크제를 실시하여 절감된 예산을 청년 고용에 사용했기 때문인 것으로 보인다. 중소기업을 포함한 전체 노동시장이 아닌 부문별로 살펴보았을 때는 청년들이 선호하는 부문에서 대체 현상이 나타났다. 성장률이 높을 때는 고용 전체가 늘어나서 정년 연장 효과와 청년 고용 효과가 모두 나타날 수 있지만 저성장 시기에는 공공 부문, 금융 부문, 대기업에서 대체효과가 뚜렷하게 나타난다.

해법은 세대 간 상생이다. 일본은 1998년부터 60세 정년 의무화를 시행했고 2006년부터 연금 수급 개시 연령까지 계속 고용을 의무화했으며, 2013년에 65세 정년을 의무화했다. 일본의 경우 정년 연장의 부정적인 고용 효과가 크지 않았다. 특히 정년 연장이 청년 고용에 미친 영향은 거의 없었던 것으로 보고 있다. 이는 정년 시행 과정에서 사업체의 선택권을 인정하고 대부분의 사업체에서 정년 이후에 이전보다 낮은 임금으로 재고용하는 방식을 취함으로써 정년 연장에 따른 노동비용 증가폭이 크지 않았기 때문이다. 그뿐 아니라 대·중소기업 간 임금 격차 등도 우리나라처럼 크지 않았다.

반면, 우리나라는 신입과 고참 간의 임금 차가 크고, 여전히 연공임금제를 실시하는 곳이 많으며, 대기업 및 공공 부문과 중소기업의 임금 격차가 현격히 크다. 결국, 대기업과 중소기업의 임금 격차가 줄어들든지, 사업체에서 재고용 방식으로 채용하든지, 연공임금제를 생산성에 맞는 임금체계로 바꾸든지 해야 정년 연장과 청년 고용이 상생할 수 있다. 대기업과 중소기업 간의 이중 임금구조가 당장 해소되기는 어려우므로, 연공임금제가 아닌 재고용 방식 등으로 생산성에 맞게 임금비용을 줄이는 게 필요하다. 과거 우리나라가 연공제를 도입한 것은, 젊을 때는 생산성보다 낮게 받고 나이 들어서는 생산성보다 높게 받는 구조를 택했기 때문이다. 지금 60년대생 근로자는 젊을 때 적게 받고 나이 들어서 많이 받는 구조에서 직장 생활을 시작했는데 이를 폐지하자고 하니 저항이 생기는 것이다.

'연령별 분업'이라는 해법도 있다. 김태유 교수는 고령자들에 대한 임금체계를 연공급 대신 직능, 직무, 성과급 형태로 바꾸면 된다고 했다.[7] 고령자 고용을 꺼리는 이유는 '고비용·저효율'이다. 고비용 문제는 나이와 경력이 아니라 맡은 업무와 성과에 따라 임금을 지급하면 해소될 수 있다. 저효율 문제는 고령자에게 적합한 업종으로 고용을 확대하는 방식으로 해결한다. 신체적 능력과 수리력, 분석력은 젊을 때 높고 나이가 들수록 쇠퇴한다. 운동선수나 바둑기사의 전성기를 보면 알 수 있다. 이들은 30대에서 40대에 생산성이 정점에 이른다.

하지만 관리자, 교육, 저술, 컨설팅, 사무원 등의 경우에는 생산성의 정점이 늦게 오는 것으로 알려져 있다. 이들 직종은 판단, 소통, 관계망, 전문지식 등이 중요하기 때문이다. 30년 동안 자기 일을 꾸준히 해온 사람이 이를 바탕으로 60대 이후에 능력을 발휘하는 것도 이런 경우다. 운동선수 출신 연예인들이 젊어서 생산성이 높을 때는 현역으로 뛰다가 생산성이 떨어질 때 서비스 업종으로 옮기는 것도 이런 까닭이다. 감독이나 코치로 전직하는 경우 역시 교육과 컨설팅 영역으로 옮긴 것이다. 필자 역시 금융, 투자, 리서치 분야에서 34년간 일하다가, 지금은 이 지식을 바탕으로 저술, 교육, 컨설팅을 하고 있다. 이 분야에는 정년이 없다고들 이야기한다. 친구는 보험회사에서 오래 일하며 부동산 관련 업무 등에 관여했고 이제는 퇴직하여 건물 네 동을 관리하는 관리소장을 맡고 있다. 판단, 소통, 관계망, 지식, 관리 등에서는 60대의 생산성이 전혀 떨어지지 않기 때문이다.

60년대생이 열악한 재취업 노동시장에 오래 노출되는 것은 바람직하지 않다. 그렇다고 무작정 정년을 늘리면 일부 대기업과 공기업에 혜택이 돌아가는 한편 청년 노동과 대체효과가 일어난다. 상생이 필요하다. 이를 위해, 한편으로는 재고용이나 임금체계 등을 생산성에 맞게 바꿈으로써 근로 기간을 늘리고 인건비는 제어하는 방법을 쓰고, 다른 한편으로는 연령별 분업 체계를 잘 만듦으로써 효율을 높이는 이모작 노동시장 체제를 만들어야 한다. 고비용·저효율을 저비용·고효율로 바꾸어야 세대 상생이 된다. 난제이기는 하지만, 임금 격차를 줄이는 상생 임금도 필요하다.

액티브
시니어
전성시대

60년대생은 부를 이루었다. 세대 간 경쟁에서도 지배 세대가 되었다. 비록 세대 내에 불평등이 있지만 이들의 숫자와 부는 소비시장에 강력한 영향을 준다. 이러한 시니어 시장의 성장을 기대했다가 실망한 기업이 많다. 이는 오해에서 비롯된 것이다. 시니어 시장은 아직 본격적으로 열리지 않았으며, 또한 일본의 시니어 시장을 우리나라에 대입하는 것도 잘못이다. 우리나라는 우리나라만의 독특한 시니어 시장을 갖고 있다. 60년대생이 액티브 시니어의 중심이 되므로 이들에 주목해야 한다. 일본도 액티브 시니어가 있지만 우리와는 코호트가 다르고 양적인 규모도 작다. 60년대생이 주축이 되고 그 이후 계속 이어질 액티브 시니어 시장에 비즈니스의 미래가 달려 있다.

「3장

5070
전성시대

영화 「영자의 전성시대」는 베이비부머들이 70년대 산업화 시대를 겪어낼 때를 배경으로 한다. 목욕탕에서 일하는 창수와 시골에서 올라와 철공소 사장 집 가정부 일을 하는 영자의 이야기다. 이렇게 젊음을 아프게 시작한 이들은 고성장과 함께 1인당 소득이 3만 4,000달러가 된 나라에서 이제 은퇴 시기를 맞고 있다. 그리고 제2의 전성기를 맞으려 한다. 바야흐로 액티브 시니어인 5070들이 전성기를 구가하는 '5070 전성시대'다. 이 중 60년대생이 그 중심을 이룬다.

60년대생은 액티브 시니어의 중심이다. 신한은행에서 '뉴 시니어' 세대를 분석한 것이 2010년인데, 이때 액티브 시니어를 1955~1963년의 1차 베이비부머로 보았다. 액티브 시니어는 좀 더 폭 넓게 보아야 한다. 55~74세 정도로 보면 적합하지만 향후 건강한 장수사회를 감안하면 50~70대로 보는 것이 좋다. 그러면 현재 60년대생은

54~63세에 해당하고 앞으로 10년 이상 50~70대의 중심축이 된다. 이들의 숫자와 부를 감안하면, 60년대생을 액티브 시니어를 주도하는 층으로 보면 된다.

액티브 시니어의 특성은 72쪽 표에서 보듯이 독립적이고, 경제력이 있으며, 적극적이고, 젊게 사는 태도와 다양한 취미를 지니고 여가에 가치를 두며, 다양한 금융상품을 보유하고 노후를 위해 보유자산을 사용한다는 것 등이다. 이 시기는 보유자산이 많고 경제력이 유지될 뿐만 아니라 건강하기 때문에 적극적인 활동이 가능하다. 특히 액티브 시니어는 과거 노년 세대와 달리 졸업정원제로 대학 진학률이 30퍼센트대로 껑충 뛴 세대라 다양하게 주체적인 생활을 하며 보다 독창적인 자기만의 노후 생활을 보내려 한다. 일본에서 단순한 여행보다 미국 대학에서 공부하고 그 지역에 체류하며 다양한 체험을 하는 것이 액티브 시니어들에게 인기를 끈 것처럼 이들이 과거의 시니어와 다른 모습을 보일 것은 틀림없다.

이런 특성이 있더라도 액티브 시니어가 양적으로 확대되지 않으면 시장에 미치는 영향은 미미하다. 그러나 우리나라는 출산율이 오랫동안 높게 유지되다 보니 1, 2차 베이비부머가 1955~1974년에 형성되었고 이에 따라 액티브 시니어도 그 양적인 성장에서 세계적으로도 유례없는 놀랄 만한 모습을 띠게 되었다. 이렇게 크게 확대되는 시장은 보기 힘들 정도로 엄청난 소비시장이 될 것으로 예측된다. 이를 모멘텀, 지속성, 보유자산 측면에서 살펴보기로 하자.

모멘텀은 질량과 속도의 곱으로, 운동량을 말한다. 운동량은 질량이 클수록, 속도가 빠를수록 크다. 자동차가 빠른 속도로 달리면 모

액티브 시니어의 특성

구분	기존 시니어	액티브 시니어
대상	1950년대 이전 출생	1955~1963년 출생
세대특성	수동적, 보수적, 동질적	적극적, 다양성, 미래지향적
경제력	의존적, 경제력 보유층 적음	독립적, 경제력 보유층 두터움
노년의식	인생의 황혼기	새로운 인생의 시작
가치관	본인을 노년층으로 인식	실제 나이보다 5~10년 젊다고 생각
소비관	검소가 미덕	합리적인 소비 생활
취미활동	취미 없음, 동일 세대 간 교류	다양한 취미, 다른 세대 간 교류
레저관	일 중심, 여가 활용에 미숙	여가에 가치를 두며 생활
여행	단체여행 선호, 효도여행 중심	여유 있는 부부여행, 자유여행
금융경험	예금 위주	펀드 등 다양한 금융상품
재테크	지식 수요 미약	높은 관심
노후 준비	자녀세대에 의존	스스로 노후 준비
보유자산	자녀에게 상속	자신의 노후 준비를 위해 사용

자료: 신한은행 '뉴 시니어 세대' 분석, 2010.7.16.

"액티브 시니어는 주체적이고 독창적인 노후 생활을 추구한다."

멘텀이 커지며, 무거운 차일수록 운동량은 어마어마해진다. 경차가 100킬로미터로 부딪혔을 때와 버스가 100킬로미터로 부딪혔을 때 운동량의 차는 클 수밖에 없다. 속도에 해당하는 것이 시장의 변화이며, 이를 액티브 시니어에서는 해당 인구수의 증가 속도로 볼 수 있다. 해당 인구는 2010년부터 10년 동안 525만 명 증가했다. 인구의 10퍼센트 넘는 수가 증가한 것이다. 여기에 그치지 않고 2020년부터 10년 동안 또 360만 명이 증가한다. 2010년부터 2030년까지를 통틀어 20년 동안 885만 명이 증가하는 것이다. 2010년 50~70대 인구 대비 20년 동안 해당 인구가 무려 66퍼센트 증가하는 셈이다. 엄청난 증가 속도인데, 여기에 덧붙여 질량 즉, 액티브 시니어의 규모 또한 매우 크다.

규모를 50~70대 인구가 총인구에서 차지하는 비중으로 보면 2010년, 2020년, 2030년에 각각 27퍼센트, 36퍼센트, 44퍼센트로 크게 늘어난다. 그리고 45퍼센트대의 비중은 이후에도 지속된다. 베이비부머가 빠져나가더라도 그 자리에 자녀세대들이 속속 합류하기 때문이다. 인구 숫자로는 2,200만 명 정도인데, 이는 스웨덴 인구의 두 배, 노르웨이 인구의 네 배가 넘는 수다. 엄청난 영향력을 가진 주인공이 30년 이상 무대에서 내려오지 않는다. 2030년을 보면 50대와 60대 인구가 1,600만 명으로, 전체 인구의 32퍼센트에 이를 정도로 많다. 2030년대는 그야말로 5060 전성시대인 것이다. 2040년으로 가면 6070 전성시대가 된다. 엄청난 증가 속도에 더하여 인구에서 차지하는 비중까지 높으므로 60년대생이 주축이 되는 액티브 시니어는 그야말로 우리 사회를 변화시킬 에너지를 갖게 된다.

놀라운 것은 이런 모멘텀에 지속성까지 더해진다는 사실이다. 50~70대 인구가 총인구에서 차지하는 비중이 45퍼센트 정도인데, 이 수준은 2070년까지 지속된다. 앞으로 50년 동안, 다시 말해 반세

연령별 인구구조 변화와 액티브 시니어(단위: 명)

		2010	2020	2030	2040	2050	2060	2070
연령	50대	6,751,678	8,575,336	8,167,351	7,058,998	6,975,261	5,100,007	4,409,270
	60대	4,090,354	6,476,602	8,237,029	7,948,785	6,916,533	6,874,568	5,031,497
	70대	2,565,169	3,598,811	5,885,189	7,634,626	7,490,479	6,597,933	6,635,430
	80대	827,542	1,657,942	2,556,677	4,477,404	5,933,920	6,008,486	5,448,424
	90대	92,830	227,529	571,193	919,134	1,798,637	2,417,896	2,556,344
	100세 이상	2,254	5,353	15,978	42,035	71,846	158,648	218,262
연령	50~70대	13,407,201	18,650,749	22,289,569	22,642,409	21,382,293	18,572,508	16,076,197
	60대 이상	7,578,149	11,966,237	17,266,066	21,021,984	22,211,435	22,057,531	19,889,957
	70대 이상	3,487,795	5,489,635	9,029,037	13,073,199	15,294,882	15,182,963	14,858,460
	80대 이상	922,626	1,890,824	3,143,848	5,438,573	7,804,403	8,585,030	8,223,030
	총인구	49,554,112	51,836,239	51,199,019	50,193,281	47,358,532	42,617,053	37,655,867
비율	50~70대/총인구	27%	36%	44%	45%	45%	44%	43%
	60대 이상	15%	23%	34%	42%	47%	52%	53%
	70대 이상	7%	11%	18%	26%	32%	36%	39%
	80대 이상	2%	4%	6%	11%	16%	20%	22%

자료: 통계청.

"2070년까지 액티브 시니어의 비중이 약 45%로 유지된다."

기 동안 50~70대 액티브 시니어가 총인구에서 차지하는 비중이 45퍼센트로 유지된다는 것이다. 속도와 규모에 따른 엄청난 운동량을 가진 액티브 시니어가 그 운동량을 반세기 동안 지속한다는 의미다. 아마 앞으로 액티브 시니어 시장이 소비시장, 자산시장 등 여러 부문에서 주력층으로 떠오르게 될 것이다. 이들 인구층이 어떻게 시간에 따라 이동하는지는 왼쪽의 표를 통해 볼 수 있다. 찬찬히 살펴보면 향후 비즈니스 전략에 도움이 될 것이다.

액티브 시니어의 시대인 '5070 전성시대'가 시작되었다. 60년대생이 출발선을 끊을 것이다. 5070 액티브 시니어는 앞으로 40년 이상 인구의 중심이 되므로 기업은 이 시장을 체계적으로 구축해놓으면 오래오래 본전을 뽑을 수 있다. 비즈니스 활동과 기회는 앞으로 2040에서 5070으로 그 중심이 이동될 것이다. 5070은 소비와 생산의 중심축이다. 고령사회를 극복할 단초가 5070에 있는 이유다.

▌ 액티브 시니어가 가진 자산

액티브 시니어의 보유자산은 이미 해외에서 그 영향력이 널리 알려져 있다. 미국은 베이비부머(1946~1964년생)가 보유한 자산이 전체 자산의 50~55퍼센트에 이른다. 미국의 베이비부머 역시 경제가 성장할 때 그 과실을 향유했기 때문에 어느 세대보다 자산을 많이 보유하고 있다. 이들이 1990년 35세일 때 부의 보유 비중을 보면 같은 나이일 때 X-세대와 밀레니얼 세대가 보유한 부의 두 배 이상 많았다. 2021년 현재 이들은 중간 나이가 66세인데 전체 부의 절반 이상을 갖고 있다.[1] 2022년부터 미국이 금리를 급격하게 인상하면서 모기지 금리가 8퍼센트를 넘었는데도 소비가 둔화되지 않은 이유 중하나가 베이비부머들의 소비력이었다. 이들은 주택담보대출을 거의 다 상환하고 자산을 보유하고 있으므로 이들에게 금리 상승은 이자 비용 부담보다 이자 수입 증가로 이어졌다.

우리나라 베이비부머의 자산은 어떨까? 연령별 자산 규모는 고령화에 따라 어떤 추이를 보이고 있을까? 금융자산을 중심으로 살펴본다. 연령대별로 보면 2022년 현재는 40~50대의 금융자산 규모가 1억 4,000만 원으로 가장 크고 60세 이상은 9,200만 원으로 금융자산 규모가 가장 작다. 60세 이상은 50대 자산의 63퍼센트 정도다. 하지만 자산 증가율을 눈여겨봐야 한다. 2012년부터 2022년 10년간 50대의 금융자산은 38퍼센트 증가한 데 반해 60세 이상은 무려 58퍼센트 이상 증가했다.[2] 현재 60세 이상의 금융자산은 규모는 작지만 증가율은 가장 빠르다.

또 하나 눈여겨볼 것은 해당 연령대의 가구당 평균 금융자산 규모가 아닌 연령대가 보유한 총금융자산 규모다. 이를 위해서는 가구의 숫자까지 감안한 자산 규모를 보아야 한다. 예를 들어 가구당 금융자산 규모는 2억 원인데 가구 수가 100가구인 경우와 가구당 금융자산 규모는 1억 원인데 가구 수가 1,000가구인 경우 이들이 시장에 미치는 영향력을 보려면 가구 수를 곱한 총자산을 보아야 한다. 따라서 연령대별로 그 집단이 가진 총자산 규모를 보려면 가구당 평균 금융자산 규모와 함께 가구 수의 변화를 감안해야 한다. 가구 수를 감안하여 총자산의 연령별 비중을 그려보았다(78쪽).

그림에서 볼 수 있듯이 60세 이상의 총금융자산이 가장 많다. 50대와 거의 같으며 40대보다는 확연히 많은 것을 볼 수 있다. 30대의 경우 가구당 금융자산 규모는 60세 이상보다 1.5배에 달하지만 해당 연령의 총금융자산은 60세 이상의 절반에 가깝다. 60세 이상의 인구수의 힘을 볼 수 있는 부분이다. 이제는 인구수 및 가구 수 증가로 인해 60세 이상이 전체 가구 총금융자산에서 차지하는 비중이 10년 만에 15.9퍼센트에서 28.0퍼센트로 무려 12.1퍼센트포인트나 증가했다. 반면 30대, 40대, 50대가 보유한 금융자산 비중은 지속적으로 감소하고 있다. 동일한 기간에 30대의 경우 20.5퍼센트에서 15.1퍼센트로, 40대의 경우 30.5퍼센트에서 24.0퍼센트로, 50대의 경우 28.6퍼센트에서 28.1퍼센트로 각각 하락했다. 이는 금융자산시장에 미치는 영향에서 60대 이상의 영향력이 급속하게 증가했음을 의미한다.

앞으로는 인구 변화만으로 60세 이상의 총금융자산이 다른 연령대를 앞지를 것으로 본다. 지금 50대에 속해 있는 850만 명에 이르는 사람들이 60세 이상으로 옮겨가면 2030년 60세 이상 인구가 1,200만 명에서 1,720만 명으로 증가한다. 인구의 단순 계산만으로 보면(60세 이상 인구가 1,200만 명에서 1,720만 명으로 증가하고, 60세 이상의 가구당 평균자산은 변하지 않는다고 가정한다) 60세 이상이 가진 자산은 총자

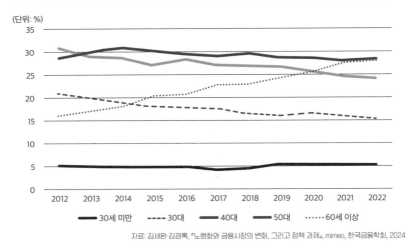

전체 금융자산에서 연령별 금융자산의 보유 비중(2012~2022)

(단위: %)

범례: ━━ 30세 미만 ---- 30대 ━━ 40대 ━━ 50대 ······ 60세 이상

자료: 김세완·김경록, 『노령화와 금융시장의 변화, 그리고 정책 과제』, mimeo, 한국금융학회, 2024

"근 10년간 60대 이상의 금융자산 비중이 큰 폭으로 증가했다."

산의 40퍼센트를 넘어서게 된다.

▌산업사회에서 자산사회로

베이비부머를 중심으로 금융자산이 계속 증가하면서 자산사회가 대두되었다. 추정에 따르면 금융자산 증가율은 2010~2022년 연 6.7 퍼센트에 이르렀다.[3] 과거 고도성장에 따른 자본축적과 미래 장수사회 도래, 이에 대한 은퇴 준비의 결과다. 경제학자 모딜리아니Modigliani 가 평생소득가설에서 저축의 동기는 금리가 아닌 은퇴 후의 소비 자금이라고 말한 것처럼 노후에 필요한 자금이 많아지면 저축도 많아진다. 국민연금 984조 원(2023년 9월)과 퇴직연금 336조 원(2022년 말), 연금저축과 연금보험 368조 원(2021년 기준)을 합하면 연금자산만 1,688조 원이다.[4]

반면 우리나라는 고성장에서 저성장으로 접어들었다. 국민연금 5차 재정추계에 사용된 장기 성장률 자료를 보면 2031~2040년 1.4퍼센트, 2041~2050년 1.0퍼센트를 가정하고 있다.[5] 성장률은 낮아지고 자산은 많아진다. 과거에는 경제가 성장하는 산업사회였다면 이제는 저성장 가운데 자산이 증가하는 자산사회다. 성장률은 낮아지고 자산이 증가하면서 '자산/GDP'는 장기적으로 계속 증가하고 있다. 불과 4년 만에 이 값이 9에서 11로 크게 증가했다(80쪽 그림).

산업사회에서는 근로소득자의 소비력이 크고 자산사회에서는 자산 보유자의 소비력이 상대적으로 크다. 저성장에서 임금이 많이 오르기는 어렵다. 반면 자산의 수익률은 국경을 넘어 글로벌 운용을 하게 되면 고령화에 따른 저성장의 영향을 덜 받을 수 있다. 이에 따라 소비의 흐름은 점차 젊은 층에서 중장년층 이상으로 옮겨간다. 향후 자산운용 수익률이 액티브 시니어 시장에서는 중요하다. 수익률이 높으면 그만큼 소비력도 커진다.

연금자산 1,688조 원의 수익률이 5퍼센트인 경우 한 해 수익은

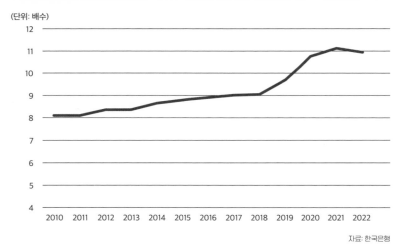

금융자산/GDP 추이(2010~2022)

(단위: 배수)

자료: 한국은행

"저성장 속에서 자산이 증가하며 금융자산/GDP의 추이가 높아졌다."

84조 원이 된다. 연금에서 나오는 수익이 우리나라 경상 GDP의 4.3 퍼센트에 해당한다. 만일 수익률이 2퍼센트이면 수익은 34조 원에 불과하다. 이처럼, 과거 산업 고도성장기에는 노동과 자본의 배분이 중요했다면 이제는 축적된 자산의 배분이 중요하다. 자산사회에서는 산업사회와 다른 생각의 패러다임을 가질 필요가 있다. 자본을 어떻게 배분capital allocation하는지가 중요하며, 자본의 올바른 배분은 개인뿐만 아니라 사회적으로도 중요한 과제가 된다.

이를 위해 축적되는 자금의 흐름이 예금에 집중되지 않게 해야 한다. 예금 집중은 개인의 자산운용 수익률을 떨어뜨리며 사회적으로는 부동산 가격을 올릴 가능성이 있다. 지금까지 우리나라 은행의 영업 형태로 볼 때 예금이 증가하면 주택담보대출로 이어진다. 주택담보대출은 주택 수요 증가와 가계부채 증가로 이어진다. 지금도 가계의 부동산 비중이 높은데 여기에 더 많은 돈이 투입될 경우 장기적으로 부동산시장의 버블과 뒤에 이어지는 붕괴도 우려된다. 거대한 돈의 흐름이 은행으로 집중되면 경제의 틀이 약해지고 건전한 자산시장 성장이 저해된다.

무엇보다 자본이 글로벌로 배분되어야 한다. 저성장 국면에 오래 머무르면 자산가격도 오르기 어렵다. 일본에서 경험한 바다. 무엇보다 성장률은 정체되는데 자산은 증가하는 사회에서 국내에 자산을 집중하면 자산 버블이 초래되든가, 자산가격이 과대평가될 위험이 있다. 자산이 급증하는 국민연금은 이미 글로벌 자산의 비중을 높이기 시작했다. 2023년 9월 현재 전체 자산 중에서 해외주식이 30퍼센트, 해외채권이 7.3퍼센트를 차지하고 있으며 대체투자 중 일부도 해외자산이다.[6] 가계 역시 국민연금처럼 자산 배분을 글로벌 자산으로 바꾸어야 한다. 만일 해외로의 자산 이전이 원활하지 못해 자산이 국내에 집중되면 장기적으로 노령화가 깊어질 때 자산가치의 과대평가, 자산시장의 붕괴 가능성이 있다. 자산시장의 붕괴는 나이가 들어 자산을 매각하는 사람이 급증하는데 이를 사줄 젊은 층이 부족할 때 자산의 과다한 초과 공급으로 일어나는 현상이다. 이는 투자시장뿐만 아니라 예금시장도 마찬가지다. 투자시장의 붕괴는 노령자가 보유한 주식과 채권을 청년층이 사주지 못할 때 발생한다. 예금시장 역시 예금이 급하게 줄어들면 대출이 줄어들고, 이는 부동산 시장의 붕괴 가능성으로 이어진다. 따라서 민간의 자산은 해외로 분산되어야 한다. 글로벌 자산 이동은 개인에게나 사회적으로나 모두 유익하다.

시니어 비즈니스에 대한 오해

액티브 시니어의 엄청난 수, 지속성, 그리고 이들의 보유자산 증가 현상을 이해하면서도 비즈니스를 하는 사람들이 한결같이 하는 질문이 있다. 도대체 시니어 비즈니스 시장이 어디에 있으며 언제부터 시장이 확대되느냐는 것이다. 시니어 시장이 커진다는 이야기를 20년 전부터 하고 있는데, 막상 시장에 진출하려고 하면 성과가 안 난다는 볼멘소리를 기업들은 많이 한다. 실제로 2000년대 초반부터 우리나라에서는 시니어 비즈니스 시장을 준비하라는 얘기가 돌았다. 『시니어 마켓을 선점하라』[7], 『거대시장 시니어의 탄생』[8], 『그레이마켓이 온다』[9], 『한국의 시니어 그리고 시니어 비즈니스』[10], 『시니어 시프트』[11], 『시니어 비즈니스 블루오션』[12] 등을 봐도 그렇다. 심지어 시니어 비즈니스와 관련되어 '실버산업'이라는 말이 1980년대 중반부터 우리 사회에서 통용되기 시작했다.[13] 실버산업은 노년 세대의 정신적,

육체적 자립도를 높여주기 위해 개발된 상품과 서비스를 말한다. 간단히 말하면 고령자들의 니즈를 우선적으로 고려하여 개발된 제품과 서비스를 총칭한다고 보면 되겠다. 시니어 비즈니스도 이 개념이다. 우리나라에서 법적으로 정의할 때는 '고령친화산업진흥법'에 따라 고령친화제품을 연구·개발·제조·건축·제공·유통 또는 판매하는 업으로 규정된다. 여기에는 현재의 중장년층이 향후 고령층으로 편입될 때를 대비하여 투자하는 제품 및 서비스도 포함된다. 2006년 정부의 관련법 제정 노력에도 불구하고 고령친화산업에 대한 관심도는 낮은 편이다. 실제 시장도 크지 않으니 이를 준비하는 사람들은 '도대체 언제 시장이 커지느냐'는 의문을 가질 만하다.

시니어 비즈니스 시장이 빨리 성장하지 않는 이유로는 ❶다양한 선호를 가진 고령층을 공략할 데이터와 정보를 갖추지 못하고 ❷고령층에 대한 이해가 부족한 상태이며 ❸기존 진출 업체의 성공 사례가 많지 않아 이 산업에 투자하는 기업이 많지 않은 것을 들고 있다. 다양한 선호가 결합된 시장인 만큼 장기적으로 꾸준히 사업을 펼쳐야 한다고들 말한다.

이러한 판단에 앞서 다음 4가지에 대한 인식 전환이 필요하다. 우선, 액티브 시니어 시장은 규모를 추정하기 어렵다. 시니어 시장을 고령친화산업진흥법처럼 시니어의 육체적, 정신적 부족함을 유지하기 위한 것이라 정의하면 시니어 비즈니스 제품은 보청기, 보행 보조기 등이 될 수밖에 없다. 하지만 실제로는 이를 넘어서 소비가 이루어지는데, 여러 측면에서 식별이 어렵다. 자동차를 신규 구매하는 시니어들이 많다고 해도 이들은 시니어 비즈니스 시장에 잡히지 않는다. 화장품도 누가 사는지 정확한 데이터가 없다. 스마트폰은 시니어 비즈니스인가, 아닌가? 인구의 비중을 감안하면 앞으로 시니어의 스마트폰 보유 비중이 가장 높을 것이다. 전시회, 카페, 외식점의 시니어 파워는 어떻게 추정할 것인가? 오전과 오후 사이, 오후와 저녁 사이에 60대 여성들의 카페 활용이 눈에 뚜렷하게 보이지만 별다른 통계로 잡히지는 않는다. 인사동에서 2시 넘은 시간에 베이커리 카페에 들어가보니 60대가 꽤 있었다. 또 시니어들이 메타버스 세계에서 소비를 하면 이들은 어디에 속하는가? 정확히 추정하기 어렵다 보니 시니어 비즈니스 시장을 과소평가하게 되는 것이다.

둘째, 지금까지 액티브 시니어의 숫자가 충분히 성장하지 않았다. 미디어에서 고령화 이야기가 계속 나오니 우리는 이미 일본처럼 고령화가 된 것으로 착각하지만, 일본은 우리보다 20년이나 빠르고 우리는 아직 액티브 시니어가 충분히 성장하지 못했다. 20년 전만 하더라도 5070 비중은 20퍼센트에 불과했다. 2000년대 초 인구의 주인공은 2040으로, 그 비중이 50퍼센트였다. 지금도 42퍼센트로 5070보다 조금 더 많다. 하지만 10년 후면 이들이 35퍼센트로 줄어드는 데 반해 5070은 45퍼센트로 증가한다. 주인공이 2040에서 5070으로 극적으로 교체된다. 퓨리서치센터는 '자녀세대가 경제적으로 더 어려울까'에 대한 설문을 진행했다. 2013년에는 37퍼센트만이 그럴 것이라고 응답했지만 점차 그 비중이 증가했고 2020년에는 60퍼센트가 더 어려울 것이라고 응답했다. 19개국 평균은 70퍼센트이며, 일본에서는 응답자의 82퍼센트가 자녀세대가 더 어려울 것이라고 응답했다.[14] 소비의 중심이 2040에서 5070으로 이동하고 있다는 뜻이다. 액티브 시니어들이 사회에 미치는 힘은 지금부터 표면화된다.

셋째, 시니어 비즈니스 시장은 양극화되어 있으므로 전략이 달라야 한다. 예를 들어, 바이오 제품은 시니어들이 주 수요층이기는 하지만 비용이 많이 드는 탓에 자산이 많은 사람들이 활용하는 시장이다. 관절 등을 비롯한 줄기세포 치료는 맞춤형이기 때문에 비용이 많이 들 수밖에 없다. 백화점의 경우도 자산이 상위 10퍼센트에 속하는 사람이 주된 고객층이다. 60년대생 베이비부머는 소득과 자산이 양극화되어 있다. 평균으로 접근하여 60대 이상의 순자산이 주택을 제외하고 거의 없다는 관점에서 시니어 비즈니스 시장을 바라보면 안 된다. 경기가 나쁠 때도 백화점 매출이 유지되는 이유를 잘 생각해봐야 한다. 통계에서 상위 비중을 봐야 할 뿐만 아니라 통계에 나타나지 않은 수치도 감안해야 한다. 가장 널리 활용되는 가계금융복지조사는 설문조사인데 자산이나 소득이 최상위층에 속하는 사람들은 여기에 잘 응하지 않고 자신의 자산을 정확히 밝히지도 않는다.

마지막으로, 기업이 공급을 창출하지 못하고 있다. 시니어 비즈니스는 ❶요양 ❷의료기기 ❸용품 ❹여가 ❺주거 ❻식품 ❼의약품 ❽화장품 ❾금융 등으로 분류되는데[15] 이런 분류를 뛰어넘어 전방위적으로 생각해야 한다. 일본의 뉴 실버 세대는 유행에 관계없이 나의 정체성을 유지하고, 배우는 것을 좋아하고, 자신을 시니어 세대라고 생각하지 않는 특징을 갖고 있다. 우리의 액티브 시니어는 양뿐만 아니라 질까지 갖춰진 세대로, 일본의 뉴 시니어보다 더 유연한 사고

실버산업 시장 규모 전망(단위: 백억 원)

NO	고령 친화 산업	2012	2015	2018	2020	2025	2030	연평균 증가율	
								2012~2020	2021~2030
1	요양	1,513 (14.2%)	1,995 (42.7%)	2,723 (44.4%)	3,306 (46.1%)	5,258 (51.3%)	8,142 (56.7%)	10.3%	9.4%
2	의료기기	76(2.1%)	94(2.0%)	119(1.9%)	137(1.9%)	179(1.8%)	223(1.6%)	7.7%	5.0%
3	용품	471(12.8%)	451(9.6%)	463(7.6%)	476(6.6%)	499(4.9%)	520(3.6%)	0.1%	0.9%
4	여가	133(3.6%)	139(3.0%)	170(2.8%)	197(2.7%)	238(2.3%)	277(1.9%)	5.0%	3.5%
5	주거	7(0.2%)	10(0.2%)	10(0.2%)	10(0.1%)	10(0.1%)	10(0.1%)	3.6%	0.7%
6	식품	267(7.3%)	334(7.2%)	397(6.5%)	444(6.2%)	508(5.0%)	560(3.9%)	6.6%	2.3%
7	의약품	152(4.2%)	2,56(5.5%)	397(6.5%)	508(7.1%)	799(7.8%)	1,164(8.1%)	16.3%	8.6%
8	화장품	41(1.1%)	58(1.2%)	68(1.1%)	79(1.1%)	100(1.0%)	123(0.9%)	8.4%	4.5%
9	금융	1,009(27.5%)	1,341(28.7%)	1,787(29.1%)	2,023(28.2%)	2,650(25.9%)	3,345(23.3%)	9.1%	5.2%
	전체	3,669 (100%)	4,677 (100%)	6,135 (100%)	7,178 (100%)	10,243 (100%)	14,364 (100%)	8.7%	7.2%

자료: 김영선 외, 「고령친화산업 혁신 발전 방안 연구」,
한국보건산업진흥원·경희대학교, 2019. 12.

"실버산업 시장 규모는 매년 꾸준히 증가하고 있다."

를 갖고 있다. 이들은 고령친화산업 영역의 제품과 서비스에 머무르지 않는다. 기업은 시니어의 수요를 수동적으로 따라갈 게 아니라 새로운 제품으로 시장을 만들어갈 각오를 해야 한다.

시니어 비즈니스 시장은 성장한다. 2012년부터 8년 동안 연 8.7퍼센트 성장했으며 앞으로 9년 동안 매년 7.2퍼센트 성장할 것으로 예상된다. 이 중 요양, 의료기기, 의약품, 화장품, 금융의 성장이 돋보인다. 이 부문의 성장세가 지속될 것임은 의심할 여지가 없다. 하지만 이 시장은 고령친화산업에 한정된 것이며, 포괄적으로 액티브 시니어의 시장은 이를 뛰어넘을 것이고, 제품과 서비스도 전통 분류 체계에 속해 있지 않을 것이다. 심지어 4차 산업혁명의 주요 제품 수요처도 액티브 시니어가 될 것이다. 로봇이나 AI처럼 새로운 제품이 등장하면서 공급이 수요를 창출하는 것이다. 시니어 산업이 하이테크와 만나고 있다. MIT AgeLab의 조셉 코플린 소장은 "노인들을 여가생활만 찾고 보청기와 이동 보조기기 같은 제품만 필요로 하는 존재로 보고 있는데, 이런 관점은 완전히 잘못된 판단"이라고 말한다.

▌데모테크에 주목하라

'로봇의 가능성에 대한 생각을 바꾸어라.' 휴머노이드 로봇 기술의 최강자인 보스턴 다이내믹스Boston Dynamics의 이념이다. 이 회사의 창업자 마크 레이버트^{Marc Raibert}는 로봇은 핸디캡을 가진 사람들이 주된 사용자가 될 것이라는 말을 했다. 핸디캡을 가장 많이 가진 사람은 누굴까? 바로 고령층이다. 나이가 들면 귀가 잘 안 들리고, 눈이 잘 안 보이고, 걸을 때 불편하고, 근력이 떨어지고, 관절이 약해진다. 결국 첨단 로봇의 주된 사용자는 고령자가 되며, 산업용으로 쓰이던 로봇의 수요처가 고령자로 확산될 수 있다는 뜻이다.

사람들은 이 가능성을 일찍부터 꿈꿔왔다. 1991년 일본에서 「노인Z」라는 애니메이션이 방영되었다. 「아키라」의 원작자로 유명한 오토모 카쓰히로의 작품으로, 고령화와 로봇의 활용에 대한 단초를 잘 보여주었다. 잠깐 줄거리를 살펴보자. 일본의 고령화 문제가 심각해지자 정부는 간병 로봇 노인Z를 만들기로 하고, 후생성(우리나라의 보건복지부)이 이를 주도한다. 노인이 욕조 같은 곳에 누워만 있으면 식사, 목욕, 배변, 오락, 운동, 대화 등 모든 생활을 노인Z가 도와준다. 노인Z에는 초소형 원자로가 탑재되어 있다. 그런데 시범 운영 중 갑자기 노인Z가 폭주하기 시작한다. 알고 보니, 평화헌법 때문에 무기를 만드는 데 제약이 생기자 일본 정부가 후생성의 간병 로봇을 내세워 최첨단 전투 로봇을 몰래 기획한 것이었다.[16]

「노인Z」는 허무맹랑한 에피소드로 치부하기엔 중요한 내용을 담고 있다. 간병 로봇을 위장한 첨단 전투 로봇에 중점을 둘 게 아니라 간병 기능에 초점을 맞추어보자. 그런 관점으로 보면 고령사회의 미래 비전이 여기에 있다고 볼 수 있다. 고령사회에서는 케어^{care} 문제가 중요하게 부상할 것이다. 그러나 이를 지원할 인력은 턱없이 부족하다. 따라서 간병 로봇의 역할이 커지고, 시장이 형성되면 여기에 최첨단 기술이 들어오게 된다. 아이러니하게 '고령자', '케어'처럼 철저하게 아날로그적인 영역이 최첨단 디지털 요소와 결합하는 셈이다. 이런 흐름은 이미 세계 곳곳에서 시작되고 있다.

일본에서는 2015년 요양 로봇 로베어Robear가 출시되었다.[17] 리켄RIKEN과 스미토모 리코가 공동 개발한 로봇으로 환자를 들어 올려 휠체어에 앉히거나 환자가 일어서는 것을 도와준다. 로베어의 개발 목적은 요양사들을 보조하는 것이다. 요양사들은 환자를 하루에 40회 정도 들어 옮기는데 이는 요양 종사자들의 척추 통증을 유발해왔다. 로베어는 이를 완화하는 데 도움을 준다.

후지소프트Fujisoft는 팔로PARLO라는 말벗 로봇을 만들었다.[18] 팔로는 요양 시설 등에 사용되는 로봇으로 사람의 얼굴을 구별해서 인식하고 사람마다 개별화된 의사소통을 할 수 있다. 또한 인터넷에 접속하여 뉴스나 일기예보 등 최신 정보를 전달하고, 고령자에 관한 다양한 프로그램을 내장하고 있다. 팔로를 일반 개인이 사용할 수 있게 한 것이 팔미Palmi로 일본의 DMM사가 만들었다. 주인의 분위기 등을 감지하여 상대의 말을 예측하기도 하고 데이터가 쌓이면 말투를 비롯한 말솜씨가 발전해나간다는 것이 특징이다. 이 외에 상대방의 과거 대화 내용, 취미 등도 기억할 수 있으며 자발적으로 말을 거는 기능도 탑재되어 있다.[19]

일본산업기술총합연구소AIST는 2004년, 10여 년의 연구 끝에 아기 하프물범 파로PARO를 발표했다. 처음에는 개나 고양이를 닮은 로봇을 준비했지만 개나 고양이는 개인마다 호불호가 분명하다는 점 때문에 보편적으로 인기 있는 물범 모양이 선택되었다. 파로는 치매 환자 치료 목적으로 개발되었으며, 우울증·인지장애·발달장애를 가진 사람의 증상을 완화해주는 데도 유익하다. 이 때문에 파로는 미국 식품의약국[FDA]으로부터 2009년 신경 치료용 의료기기로 승인받으며 기네스북에 등재되었다. 2018년에는 미국 의료보험 '메디케어'의 적용 대상이 되었다.[20]

로봇뿐만 아니라 바이오, 디지털 헬스케어, 메타버스, 게임, 바이오 화장품 등 고령화와 첨단 기술의 만남 혹은 인구[demography]와 기술[technology]의 만남이 새로운 흐름으로 자리 잡고 있다. 유전자 가위와 줄기세포 등 바이오는 이미 흐름의 단초를 보여주고 있으며 스마트 워치는 디지털 헬스케어의 출발을 보여준다. 세포와 분자 단위의 생명 연장 기술이 크게 진보하면서 115세까지 수명 연장이 예상되고 있다. 가상현실은 고령자들에게 또 다른 삶을 제공할 것이다. 현실과 비현실이 공존할 수 있는 가상세계인 메타버스는 몸이 불편한 베이비부머들의 삶의 공간이 될 수 있다. 지금도 고령자들의 과거 영상 자료를 통해 만들어진 가상현실이 고령자들을 추억의 공간으로 이동시키고 있다. 게임도 중독, 도박, 사행성이라는 이미지에서 벗어나 앞으로 삶의 공간이라는 이미지를 갖게 될 것이다. 영국 게임 개발 업체 글리처스[Glithers]는 런던대, 영국 알츠하이머 연구소와 함께 치매 검사용 가상현실 게임을 개발했다. 또한, 산업 영역에 있던 로봇이 요양 간호, 말벗, 치매 치료, 펫 등 다양한 형태로 생활공간으로 들어오고 있다.

인구와 기술의 만남은 우리나라를 넘어 글로벌 마켓에서 형성될 것이다. 구매력이 높은 선진국의 고령층과 뒤이은 신흥국들의 고령층이 수요를 만들어갈 것이다. 세계에서 매일 21만 명이 60세 생일을 맞는다. 65세 이상 고령 인구의 숫자를 보면 2019년 7억 3,000만 명에서 2050년에는 15억 4,000만 명으로 8억 명이 증가한다. 향후 30년 동안 지구상에 65세 이상 인구만 모여 사는 독일만 한 나라가 10개 생겨나는 셈이다. 고령자 증가는 선진국만의 문제가 아니다. 신흥국에서 증가 속도가 훨씬 빠르다. 2020~2050년 선진국은 65세 이상 고령자가 50퍼센트 정도 증가하는 데 반해 신흥국은 100~150퍼센트 증가한다. 중국과 인도의 고령자 수만 30년 동안 3억 2,000만 명이 증가한다. 이는 같은 기간 중 OECD 국가들의 고령 인구 증가 수인 1억 2,000만 명을 훨씬 넘는 수다.[21]

4차 산업혁명으로 대변되는 기술혁신은 인공지능, 빅데이터, 바이오 기술 등과 서로 융합해서 2차, 3차 혁신을 일으킨다. 특히 최근 생성형 AI의 발전은 여러 분야에 파급되는 범위의 효과뿐만 아니라 발전 속도를 앞당기는 속도의 효과도 가져올 것으로 보인다. 기술혁신은 공급혁명을 이끌고, 좋은 제품을 값싸게 만들어낸다. 여기에 더해 액티브 시니어가 쪽수와 돈을 기반으로 기술혁명을 가속화할 것이다. 이 과정에서 고령사회와 기술혁명의 접점에 있는 바이오테크, 디지털 헬스케어, 뷰티, 가상현실과 게임, 로보틱스 등이 크게 확장될 것이다. 액티브 시니어의 수요 급증과 4차 산업혁명이 만나는 곳, 다시 말해 인구와 기술이 만나는 곳에 데모테크DemoTech라는 거대한 시장이 형성될 것이다. 한류와 난류가 만나는 곳에 거대한 어장이 형성되듯이.

필자는 고령화와 기술의 교차점에서 형성될 시장에 일찍부터 관

EC(유럽위원회)에서 보는 고령사회에 유망한 하이테크 제품

분야	내용
모바일 헬스	환자 기록, 온라인 처방 모바일 헬스 기기, 모바일 헬스 서비스 극적인 성장을 이룰 것으로 전망함
로보틱스와 게임	고령자를 돕는 로봇과 기타 장치들 현재는 시장이 작지만 앞으로 크게 성장할 부문임
통합 케어	집에서 통합 케어를 받을 수 있는 글로벌 ICT 솔루션
스마트 홈	향후 고령자들의 사용이 늘어날 전망. 특히, 1인 가구가 늘어나면서 홈 오토메이션 수요가 증가함 스마트 홈 기술은 통합 케어를 통해 가정용 로봇 개발, 온라인 헬스 소프트웨어와도 관련됨
디지털 웨어러블	스마트 워치, 스마트 아이 웨어, 스마트 의류, 의료 기기

자료: European Commission(2018)

"고령화와 기술의 교차점에서 데모테크가 주목받고 있다."

심을 기울여 『데모테크가 온다』[22]라는 책를 썼지만 정말로 이 방향
이 맞는지 궁금했다. 그런데 유럽위원회EC는 2018년 보고서에서 "인
구구조demography와 기술technology이 만나는 곳에 새로운 흐름이 생겨날
것이다"라고 했으며[23], 『파이낸셜 타임스』의 칼럼니스트 마틴 울프는
2024년 1월 칼럼에서 "인구구조에서 기술에 이르기까지 우리의 미
래를 확실하게 그려주는 힘에 주의를 기울여야 한다"라고 말했다.[24]
실버산업도 데모테크에 주목해야 한다.

2부

무엇을

1부에서 60년대생 집단의 문제를 다루었다면, 2부에서는 60년대생 개인 삶의 이야기를 풀어본다. 강의를 나가서 많은 60년대생을 만난다. 준비가 안 된 사람은 안 된 대로, 된 사람은 된 대로 고민이 많다. 젊을 때는 일과 자녀 양육에 삶의 초점이 맞추어져 있다가 노년에는 초점이 변한다. 이들에게 어떤 변화가 올까? 이들은 어떤 일을 얼마나 오래 해야 하고, 자산 관리는 어떻게 해야 할까?

우선 60년대생은 과거와 달라진 환경을 이해해야 한다. 초고령사회, 저성장, 일자리 노마드 시대에 삶을 재구조화해야 한다. 생애 기간이 '공부-일-은퇴'가 아니라 은퇴 기간이 '공부-일-휴식, 공부-일-휴식'의 주기임을 이해해야 한다. 자신을 계발하는 게 중요한 이유다. 이를 위해 건강수명, 돈의 수명, 근로수명을 늘려야 한다. 부의 증식을 지금까지 도왔던 부동산에 대해 새로운 관점을 가져야 한다. 자산의 서식지도 글로벌로 옮겨야 한다.

준비해야 하는가?

경제적 준비는 은퇴소득 준비다. 인출은 적립보다 어려우며, 은퇴자산에서 안정적인 은퇴소득을 얻는 것은 어렵고도 까다로운 자산 관리 영역이다. 자신의 수명에 맞게 은퇴소득을 만들어야 한다. 자산 수익률이 변하는 상황에서 수명에 맞게 안정적인 은퇴소득을 만든다는 것은 파도에 흔들리는 갑판 위에서 활을 쏘는 것과 마찬가지다.

'인간은 빵만으로 살 수 없다'라는 말처럼, 돈은 노후 삶의 핵심이지만 인간의 노후 삶은 그렇게 단순한 요인으로 움직이지 않는다. 경제적 날개 이외에 정서적 날개가 필요하다. 정서적 날개가 있어야 안정적인 노후가 지속될 수 있다. 디지털적으로 1에서 0으로 급변하는 노후에 필요한 정서적 날개를 알아본다.

티토노스의
비극

60년대생은 쓰나미 규모의 변화 앞에 서 있다. 장수, 저성장,
기술혁신, 인구구조의 붕괴다. 하나같이 구조적인 변화이며 사회의
변화를 가져올 것이다. 개인의 수명이 길어지면서 맞아야 할 변화도
길어졌다. 어떤 변화들이 있으며 어떻게 적응해야 할지 알아본다.
시간과 공간의 활용, 1인 1기, 아파트 공화국의 미래, 자산의 서식지
이동 등이 그 내용이다. 변화에 대응하는 방법은 나도 변화하는 것이다.
60년대생에게 주어진 과제는 재구조화라 할 수 있다.

▌삶의 재구조화

인간이 감히 영생을 원하는 것은 옛사람들에게는 불경스러운 짓이었다. 영원히 사는 것은 신의 영역이었다. 수메르 신화에 나오는, 3분의 1은 인간이고 3분의 2는 신인 길가메시는 친구 엔키두가 죽은 다음 영생을 찾아 길을 떠나지만 실패하고, 결국 인간은 죽을 수밖에 없는 존재임을 깨닫는다. 영생이라는 신의 영역을 침범하려 했을 때 받는 비극은 그리스·로마 신화에 나오는 티토노스^{Tithonos} 이야기에 잘 나타나 있다.

그리스 신화에 나오는 새벽의 여신 에오스는 미의 여신 아프로디테의 저주를 받아 인간을 사랑하게 된다. 그 상대가 트로이의 왕자 티토노스다. 신은 영생이지만 인간은 죽어야 하는 운명이기에 에오스는 신들의 우두머리인 제우스를 찾아가 티토노스에게 영원한 생명을 줄 것을 간청하고 마침내 허락을 받는다. 그런데 아뿔싸! 그녀는 영원한 젊음을 달라는 소원은 말하지 않았다. 불로장생(不老長生)

이 아닌 장생만 구한 것이다. 비극의 시작이었다.

혐오스러운 노화가 티토노스를 덮치자 젊은 시절의 멋진 모습은 온데간데없고 팔다리 하나 제대로 움직이거나 들 힘도 없어졌다. 늙지 않고 영원히 젊음을 유지하며 새벽을 여는 에오스에게 어울리지 않는 모습이었다. 이에 에오스는 그를 햇볕이 드는 방에 넣어버린다. 거기서 티토노스는 쪼그라든 몸으로 옹알거리다가 매미로 변하고 만다. 19세기 영국 빅토리아 시대의 시인 앨프리드 테니슨은 「티토노스」라는 시에서 신이 준 불사(不死)의 축복을 다시 거두어가기를 간청하는 티토노스의 비극을 그렸다. 오래 살지만 젊음이 따라주지 못해 생기는 비극을 일컫는 '티토노스의 함정Tithonos trap'이 여기에서 유래했다.

신화가 이제 현실이 되고 있다. 하버드대 유전학 교수인 데이비드 싱클레어David Sinclair는 금세기 말쯤이면 상가(喪家)에서 천수를 누렸다고 말할 수 있는 고인의 나이가 120세 정도일 것이라고 전망한다.¹ 생의학 노년학자이며 센스SENS 연구 재단 최고과학자인 오브리 더 그레이Aubrey De Grey는 어떤 특이점을 지나면 인간 수명은 나이를 나타내는 숫자가 의미 없을 정도로 증가할 수 있다고 본다. 그는 상징적으로 1,000세 수명을 이야기한다.²

60년대생이 바로 초장수의 변곡점에 있다. 지금 70, 80대에 비해서 오래 살 가능성이 훨씬 높다는 뜻이다. 티토노스의 신화가 현실로 들어오고 있는 지금, 그 선두에 있는 60년대생은 무엇을 해야 할까? 노력을 많이 하거나 열심히 하는 것만으로 대응할 수는 없다. 요즘 일본의 빈곤층 노인들은 정말 열심히 올바르게 살았는데 왜 이런 어려운 상황에 처하게 되었는지 모르겠다고 한다. 환경이 변화할 때는 단순히 열심히 산 사람보다 지혜롭게 산 사람이 생존한다. 그 지혜는 무엇인가? 삶의 재구조화다. 구조 변화에는 구조 변화로 대응해야 한다. 수명이 구조적으로 변했다면 우리 삶의 구조도 바꾸어야 한다. 단순히 재테크를 좀 더 잘하고 운동을 좀 더 열심히 하는 정도로는 안 된다. 재무적, 비재무적 측면에 관계된 삶의 구조를 바꾸어야 한다. 이를 위해서는 먼저 길어진 수명에 맞게 건강, 돈, 일 등에 대해 새로운 관점을 가져야 한다.

수명만 길어지고 건강을 유지하지 못하면 장수는 재앙이 된다. 수명이 길어지고 아픈 기간도 길어진다는 뜻이다. 자원 배분에서 건강에 투여되는 시간 비중을 획기적으로 늘려야 하는 이유다. 평균수명에서 질병이나 부상으로 활동이 불편한 기간을 뺀 것이 건강수명인데, 우리나라의 2020년 건강수명이 70.9세다. 평균수명 83.5세와 약 12.6세만큼 차이가 난다. 건강수명 격차는 여성이 13.6세, 남성은 11.9세로 여성이 1.7년 정도 더 아프다. 오래 사는 만큼 아픈 기간도 긴 것이다. 병을 앓는 기간을 압축해서 수명과 건강수명의 갭을 줄여야 한다. 소득 수준별로 살펴보면, 소득 5분위(최상위)의 건강수명이 74세인 데 반해 소득 1분위(최하위)의 건강수명은 65세로 9년이나 차이가 난다. 건강수명에서도 소득이 중요한 요인이 됨을 볼 수 있다.[3]

건강하게 오래 살아도 퇴직해서 아무 일 없이 100세까지 살면 비극이다. 건강한 50대 후반부터 뾰족한 일 없이 30년 이상을 살 수는 없다. 일본의 수제구두 명인 키쿠치 타케오는 55세에 대학교에 입학하여 10년 동안 구두 공부를 했다. 65세에 공부가 끝났으니 나이 들어 헛일했다고 생각할 수도 있지만, 키쿠치 타케오는 90세가 넘어서도 구두 관련 연구를 했다.[4] 이전에 수명이 짧을 때를 생각하면 특이한 사례에 속하지만, 장수시대에는 일반적인 사례가 될 것이다. 이런 면에서, 대학교까지의 교육에만 집중되어 있고 이후의 재교육 시스템이 약한 우리의 교육체계 역시 고령사회에 맞게 수정될 필요가 있다. 60년대생들도 1차의 삶이 아니라 2차, 3차의 삶과 이를 이어갈 일을 생각해야 한다. 근로수명을 늘릴 필요가 있다.

건강수명과 근로수명을 늘리는 것도 중요하지만, 현실적으로 부각되는 문제는 돈의 수명을 늘리는 일이다. 맹자는 '무항산 무항심(無恒産 無恒心)'이라고 했다. 산출이 없으면 평온한 마음을 기대할 수 없다는 말이다. 수명이 길어지면 돈의 수명을 그만큼 늘려서 '나보다 돈이 오래 살도록 설계'해야 한다. 돈의 수명은 오랜 기간에 걸친 계획과 자산 관리에 달려 있다. 특히 금융자산에서 금융소득을 만드는 것은 쉽지 않은 영역이라 더욱 주의를 요한다.

건강, 일, 돈과 관련된 개인적인 재구조화뿐만 아니라 사회적 재구조화도 필요하다. 많은 인구를 가진 베이비부머가 초장수시대를 맞게 되면 저성장, 세대 갈등, 연금 고갈 등으로 사회의 지속가능성이 위협받는다. 물론 고령자들의 축적된 자산, 액티브 시니어들의 노동력과 소비력, 4차 산업혁명과 고령사회의 접점이 만들어내는 기회와 같은 긍정적인 측면도 있다. 긍정적인 측면을 부각하고 부정적인 측면을 줄이는 사회적인 재구조화가 필요한 것이다. 개인의 최적화는 사회의 최적화에 영향을 받기 때문에 60년대생들이 특히 관심을 가져야 하는 부분이다. 개인의 최적화에만 머무르다가는 사회적 지속성이 약화될 수 있으므로(예를 들어 노년세대가 연금 개혁에 반대하고 정년 연장을 적극 추진하면, 젊은 세대가 부담을 지게 되어 성장률이 떨어지고, 연금과 일자리가 불안해진다) 사회의 최적화를 통한 지속가능성을 꾀해야 한다.

골프 코스 길이가 전반적으로 길어지면 공을 세게 친다고 문제가 해결되지 않는다. 오비OB만 많이 난다. 근본적으로 근육을 더 키워 내 몸을 바꾸고 자세를 교정해야 한다. 마찬가지로, 티토노스의 함정에 빠지지 않으려면 삶의 구조를 바꾸어야 한다. 수명의 구조적 증가에 맞추어 건강수명, 일의 수명, 돈의 수명을 같이 늘려야 한다. 더불어 사회의 재구조화도 필요하다. 여기 60년대생이 있다. 개인적인 재구조화는 4~6장에서, 사회적인 재구조화에 필요한 정책 대응은 7장에서 살펴본다.

▌노후 준비 상태는?

노후 빈곤율 수치를 보면 우리나라의 노인은 모두 '헬hell 노인'이다. 그런데 주변을 둘러보면 그렇지도 않다. 60대를 보면 더욱 의아하다. 이러한 괴리가 어디에서 발생할까? 그리고 실상은 무엇일까? 노후 준비는 재무적, 비재무적인 부분으로 나누어 살펴볼 수 있다. 이 중 재무적인 부분의 지표로 상대소득 빈곤율을 사용한다. 상대소득 빈곤율은 소득이 전체 소득을 일렬로 세웠을 때 중간에 해당하는 소득의 절반이 되지 않는 비율을 말한다. 더불어 가계소득, 1인당 소득과 지출의 변화, 재취업 때 근무조건의 변화를 살펴본다. 비재무적인 부분은 노후에 대한 60년대생의 인식을 통해 노후 준비 상태를 알아본다. 노후의 어려움은 과장된 측면도 있지만, 선진국에 비해 그 실태가 열악한 것이 사실이다. 주된 직장에서 퇴직 후에는 60대 때 전환기를 거쳐 70대부터는 급속한 변화를 경험하는 것을 볼 수 있다.

| 노인의 상대소득 빈곤율 |

노인의 상대소득 빈곤율은 65세 이상 노인 중 소득이 전체 중위소득의 절반이 되지 않는 노인의 비율을 말한다. 처분 가능한 소득을 기준으로 할 경우 우리나라 노인 빈곤율은 2021년 37.7퍼센트로 OECD 회원국 중 가장 높으며 OECD 평균 13.1퍼센트를 훌쩍 넘어선다.[5] 이 수치가 노후를 불안하게 만든다.

하지만 우리는 1인당 GDP가 79달러에서 시작하여 60년 만에 3만 4,000달러가 된 나라다. 10년만 차이가 나도 많은 것이 달라지기 때문에 구체적으로 살펴보아야 한다. 우선, 노인 빈곤율의 변화를 보면 빠르게 개선되고 있다. 2016년 43.6퍼센트에서 5년 만에 37.7퍼센트로 하락했는데, 이는 기초연금 시행과 공적연금 수혜자 확대에 기인한 것으로 보인다. 둘째, 출생 연도별로 나누어 보면 1940년대 전반 출생자들의 상대소득 기준 노인 빈곤율이 51.3퍼센트인 데 반해 1950년대 후반 출생자는 18.7퍼센트에 불과하다.[6] 이들의 차이만 해도 32.6퍼센트포인트나 된다. 물론 근로소득이 있는 1950년대 후반 출생자와 근로소득이 없는 1940년대 전반 출생자의 차이이기는 하나 1950년대 전반 출생자들의 노인 빈곤율도 27.8퍼센트 정도다. 1988년부터 시작된 국민연금을 온전히 받게 되는 60년대생은 노인 빈곤율이 50년대생보다도 낮아질 것으로 예측된다. 그럼에도 OECD 평균 13.1퍼센트보다는 여전히 높은 것이 사실이다. 셋째, 자산을 소득화하여 계산하면 우리나라 노인 가구는 부동산 보유 비중이 높기 때문에 노인 빈곤율이 개선된다. 주택을 조금씩 분할해서 판다는 개념으로 생각할 수 있으며, 그 소득은 주택연금에 준해서 계산해볼 수 있다. 이 경우 우리나라 노인 빈곤율이 2021년 기준 37.7퍼센트에서 23.5퍼센트로 크게 하락한다. 여타 선진국들은 공적연금의 비중이 높기 때문에 주택을 포함하더라도 우리만큼 노인 빈곤율이 하락하지는 않는다.

우리나라의 상대소득 기준 노인 빈곤율 37.7퍼센트는 60년대생이 참조하기에는 과장된 수치다. 공적연금 확대로 노인 빈곤율이 하락하고 있으며, 새롭게 노인에 편입되는 세대의 노인 빈곤율은 그 이전 세대에 비해 낮아지고 있다. 60년대생이 40년대생의 노인 빈곤율을 보고 걱정하는 것은 잘못이다. 그리고 부동산 비중이 높은 우리나라가 주택을 연금화할 경우 노인 빈곤율이 하락한다. 다만 이들을 모두 감안하더라도 노인 빈곤율은 OECD 평균 13.1퍼센트보다 여전히 두 배 수준으로 높다. 이유를 알기 위해서는 50대 이상의 가계소득과 1인당 소득을 구체적으로 살펴볼 필요가 있다.

| 가계소득 |

가계소득을 기준으로 60년대생의 준비 상황을 살펴보자. 국민연금연구원에서 2년마다 실시하는 국민노후보장패널(2021년)[7]이 그 바탕이다. 조사는 만 50세 이상을 대상으로 이루어졌으며, 이들의 거주 유형을 보면 자가 76.4퍼센트, 전세 6.8퍼센트, 월세 9.5퍼센트, 기타(무상주택, 사택) 7.3퍼센트로 자가의 비중이 높아서 주거는 상대적으로 안정적이다.

가구주 연령별 가계소득과 소득별 비중

	가계소득 (만 원)	근로 소득	금융 소득	부동산 소득	공적이전 소득	사적이전 소득	기타 소득
50대	6,378	83.0%	1.2%	1.6%	9.4%	2.7%	2.2%
60대	4,906	64.9%	1.8%	2.7%	22.7%	5.2%	2.7%
70대	2,501	29.0%	1.6%	4.2%	47.9%	15.7%	1.6%
80세+	1,734	10.7%	1.0%	3.5%	56.2%	27.6%	1.0%

자료: 국민연금연구원(2022. 12. 31)

"60대부터 가계소득이 큰 폭으로 하락한다."

연령에 따른 가계소득 변화를 보자. 50대 가구소득은 6,378만 원이나 60대에는 4,906만 원으로 23퍼센트 떨어지고, 70대에는 다시 2,501만 원으로 49퍼센트 하락한다. 60대 이후 가계소득이 큰 폭으로 하락하는 것을 볼 수 있다. 가계소득이 급속하게 하락하는 주된 이유는 60대는 정년이 빨라 근로소득이 하락하고 70대에는 연금과 같은 이전소득이 부족하기 때문이다. 50대 가계는 근로소득 비중이 83퍼센트에 이르지만, 60대 가계는 64.9퍼센트, 70대 가계는 29.0퍼센트로 크게 줄어든다. 그리고 고용률도 50대와 60대는 58.9퍼센트로 동일하지만 70대에는 33.2퍼센트로 떨어진다. 그 대신 공적이전소득이 60대에는 22.7퍼센트에 불과하다. 70대에 가서야 47.9퍼센트로 늘어난다. 70대는 근로소득 29퍼센트에 비해 이전소득이 63.6퍼센트로 더 많다. 이전소득 의존도는 높지만 연금을 중심으로 한 이전소득 금액이 불충분한 것이다.

| 1인당 소득과 지출 |

가구 균등화 지수를 사용하여 소득과 지출을 구하면 이를 가계의 1인당 소득과 지출로 볼 수 있다. 가계 균등화 소득을 보면 50대 3,741만 원에서 60대에는 3,148만 원으로 15.8퍼센트 하락한다. 60대에서 70대로 가면 1,785만 원으로 무려 43퍼센트가 하락한다. 개인 기준으로 버는 소득이 60대를 넘어 70대로 가면 큰 폭으로 줄어드는 것이다. 소득과 지출을 감안한 수지를 연령별로 보면, 연령대가 높아질수록 수지폭이 줄어들며 특히 70대 이후로 들어서면 수지폭이 크게 감소한다. 60대까지는 어느 정도 가계 재정을 이끌어갈 수 있지만 근로소득이 급감하는 70대 이후에는 가계의 1인당 수지도 악화되는 것이다. 공적연금을 비롯해 연금이 잘 뒷받침해주지 못하기 때문인 것으로 보인다. 우리나라는 60대 이후에도 여전히 근로

가구 균등화 지수를 사용한 연령별 가계소득과 지출 (단위: 만 원)

	1인당 소득	1인당 지출	1인당 수지
50대	3,741	2,384	1,357
60대	3,148	1,959	1,189
70대	1,785	1,282	503
80세 이상	1,354	917	437

자료: 국민연금연구원(2022. 12. 31.)의 자료를 재구성함
주: 가계 균등화 소득은 가구 규모를 고려하여 가계소득을 비교하기 위한 것임. 가구 명목소득을
가구원 수의 제곱근으로 나누어 구한 것으로, 해당 연령층의 1인당 소득으로 보면 됨

"70대 이후 소득과 재정수지 모두 크게 떨어진다."

소득에 의존하고 연금의 비중이 작다 보니 70대 이후에 소득과 재정수지 모두 크게 떨어진다. 결국 60대 이상에서의 양질의 일자리와 충실한 연금이 관건이다.

| 근무조건과 급여 |

임금근로자의 50대 이후 근무조건과 급여가 어떻게 변해가는지는 표를 보면 알 수 있다. 50대에서 60대로 가면 약간 하락하는 변화가 있고 70대에는 완전히 다른 상황이 된다. 고용률, 상용직의 비율 월평균 급여 등이 큰 폭으로 하락하며, 80세 이상 임금 근로자의 89.4퍼센트의 월평균 급여가 100만 원 미만이다. 60대부터는 임금과 근무조건이 악화되는 반면 고용률은 큰 차이가 없다. 그러나 70대부터는 고용률도 급락하고 근무조건과 임금 역시 크게 하락한다. 60대

	고용률	정규직	상용직	전일제	월평균 급여	
					100만 원 미만	300만 원 이상
50대	58.9	57.2	55.1	87.6	9.2	32.0
60대	58.9	42.1	42.3	84.5	11.7	20.4
70대	33.2	14.2	10.8	48.8	56.4	0.5
80세 이상	13.2	4.5	0.9	13.7	89.4	5.5

자료: 국민연금연구원(2022. 12. 31.)의 자료를 재구성함

"60대는 고용률은 유지되지만 근무조건과 임금이 크게 하락한다."

에는 일은 하지만 근무조건과 임금이 열악하고 70대에 이르면 일자리 자체가 크게 줄어든다는 뜻이다.

60년대생도 노후소득 빈곤율이 높은 이유는 60대의 근로조건이 나쁜 데 비해 연금소득이 이를 뒷받침해주지 못하기 때문이며, 70대 이후는 근로소득은 급감하는데 연금소득은 이를 보완하기에 턱없이 낮기 때문이다.

| 노후에 대한 인식 |

노후 시작 시기를 언제로 보느냐에 대한 답은 50대 이상의 전 연령층에 걸쳐 69~70세로 나왔다. 지금의 65세보다 높고, 더욱이 법정 정년 연령인 60세보다는 10년 정도 더 늦은 나이다. 은퇴 예상 시점도 50대는 65세라고 답했으며 60대와 70대는 각각 69.3세와 78.4세

연령별 은퇴 예상 시점, 노후 시작 시기, 노후 시작의 주관적 사건

	은퇴 예상 시점(세)	노후 시작 시기(세)	노후에 접어들었다고 판단하는 계기(%)		
			기력이 떨어지는 시기	근로 활동 중단 시기	공적연금 수령 시기
50대	65.0	68.8	56.4	23.4	9.1
60대	69.3	69.1	61.5	22.2	8.9
70대	78.4	70.1	65.5	19.4	10.0
80세 이상	85.3	70.5	68.8	17.0	7.7

자료: 국민연금연구원(2022. 12. 31.)의 자료를 재구성함

"보통 70대 전후를 은퇴와 노후의 시기로 인식한다."

라고 답했다. 적어도 앞으로 은퇴와 노년의 시작 시기는 70세 전후로 보아야 할 듯하다. 내가 노후에 접어들었다고 판단되는 계기를 보면 '기력이 떨어진다'가 60퍼센트대로 가장 높고 '근로 활동 중단'이 20퍼센트대로 다음을 차지하며, '공적연금 수령 시기'가 10퍼센트 전후를 차지한다. 이를 달리 표현하면 기력이 떨어지지 않으면 노후에 접어들었다고 생각지 않으며, 은퇴도 늦춘다는 얘기가 된다. 60세 법정 정년 연령에 구속될 필요 없이 70세 전후를 은퇴와 노후의 시기로 보면 되고, 여기서 자신의 건강 상태에 따라 변할 수 있다고 보는 것이다. 사회적 정년과 개인의 은퇴 사이에 10년이라는 갭이 있음을 볼 수 있다. 사회가 개인의 선호를 따라 제도를 바꾸어야 하지만, 제도의 변화는 한 걸음 늦기 마련이므로 개인은 사회 제도가 따라오기 전에 스스로 적응할 수 있게끔 나를 변화시켜야 한다.

▌중고차시장과 재취업

주된 일자리에서 퇴직하고 난 후의 재취업시장은 중고차시장의 특징을 갖고 있다. 낡았거나 쓸모가 없다는 뜻이 아니다. 관리를 잘해 상태가 좋은 중고차와 그렇지 않은 중고차가 비슷한 취급을 받듯이, 직장에서 좋은 위치에 있었더라도 물러나면 그냥 원 오브 뎀 one of them이 되어버린다.

예를 들어, 은퇴자의 능력을 레벨 1~10으로 나누어보자. 현직에 있을 때는 각자 능력에 따라 모두 다르게 평가되는 데 반해, 퇴직 후에는 '낮음(레벨 1~2)', '중간(레벨 3~8)', '높음(레벨 9~10)' 정도로 평가받는다. 그러다 보니 '높음'에 해당하는 사람은 차별적으로 일자리를 구할 수 있지만 레벨 3~8은 대충 도매금으로 비슷하게 평가받는다.

공무원으로 퇴직한 친구가 해준 얘기다. 해외 근무할 때 알게 된 대사를 퇴직 후에 만났는데, 번역 일을 하고 있었단다. 또 행정고시에 합격해서 공무원으로 근무했던 사람은 1급으로 퇴직한 다음 65세에 감정평가사 자격증을 땄다. 친구의 말인즉, 퇴직하고 나니 특별한 사람을 제외하고는 모두 도긴개긴이 되더라는 것이었다. 자신은 레벨이 높다고 생각하지만 노동시장에서는 그냥 뭉뚱그려져서 중간 레벨로 취급받을 뿐이다. 무엇보다 뼈아픈 사실은, 그에 걸맞게 소득도 뚝 떨어진다는 것이다.

우치다테 마키코의 소설 『끝난 사람』은 중고차시장에서 벗어나려고 좌충우돌하는 퇴직자의 이야기다.[8] 주인공 다시로는 도쿄대 법대를 나와 은행에 취업해서 임원을 노리지만 줄을 잘못 타는 바람에

49세에 자회사 총무파트로 밀려난다. 줄곧 거기에 있다가 결국 정년 퇴직을 맞는다. 주인공의 말대로 '예순셋, 아직 머리도 팽팽 돌아가고 몸도 건강하고 일도 얼마든지 할 수 있을 때'였다.

스스로를 높은 레벨의 자동차라고 생각했던 다시로는 재취업 현실에서 무너진다. 당장 될 것 같았던 취업이 생각대로 되지 않자 그는 기대 수준을 잔뜩 낮추어 구직 센터가 소개한 작은 업체를 찾아간다. 명색이 도쿄대 법대를 나온 일본 굴지의 은행 출신 아닌가! 자존심을 죽이고 무슨 일이든 할 수 있다고 대표에게 사정하지만, 기술도 없는 일류대 출신 다시로는 끝내 채용 거부된다. 다시로는 도쿄대 교정의 벤치에 앉아 있다 그만 설움이 북받쳐 펑펑 울고 만다. 자신이 생각하는 가치와 사회가 생각하는 가치의 차이가 너무 컸던 것이다.

다시로의 도쿄대 법대 학력은 별로 쓸모가 없었다. 나이 60세에 서울대를 졸업한 사람과 감정평가사에 합격한 사람 중 누가 일자리를 잘 잡겠는가? 재취업에서는 가능성이 있는 사람이 아니라 철저하게 지금 당장 무엇을 할 수 있느냐는 현실적인 요구에 맞는 사람이 일자리를 얻는다. 다시로는 여기에 해당되지 않았다.

반면, 그의 아내는 다시로가 자회사로 밀려나는 것을 보면서 미용 기술을 배운다. 남편만을 믿어서는 안 되겠다고 생각하고 자신의 길을 준비하기로 한 것이다. 미용 자격증을 따고 경험을 쌓은 그녀는, 다시로가 퇴직하자 모아둔 돈으로 미용실을 차린다. 그녀는 자신이 무엇을 할 수 있는 사람이라는 데 멈추어 있지 않고 실제로 당장 할 수 있는 것을 하나 선택해서 능력을 키운 것이다.

한편, 이것도 저것도 여의치 않아 실의에 빠진 다시로는 우연히 피트니스 센터에서 벤처 사업가를 만나고 그 회사의 고문 자리를 얻게 되어 의욕에 불탄다. 보수도 괜찮다. 그런데, 사업가가 갑자기 사망하면서 다시로는 그 회사의 대표이사를 맡게 된다. 이전에는 줄을 잘못 서서 임원을 하지 못했지만 지금이야말로 자신의 능력을 보여줄 때라고 생각하게 된다. 하지만 결과는 대실패. 회사는 파산하고 회사의 차입금 10억 원을 다시로가 갚아야 하는 사태가 발생한다. 이 문제로 아내와 다투다가 부부는 별거에 들어간다. 결국 다시로는 고향으로 돌아가서 지역사회에 봉사하며 사는 길을 모색하기로 한다. 그러나 귀향 역시 현실적인 해결책이 아니라 남자들이 흔히 택하는 도피처라고 생각한 아내는 남편을 따라가지 않는다.

다시로와 그의 아내, 둘 중 누구의 길이 옳다고 판단할 수는 없다. 다만, 인생 후반에 나의 업(業)을 갖고 싶다면 다시로의 아내가 가진 관점을 눈여겨볼 필요가 있다. 아내는 중고차시장에서 차별화되는 길을 기술에서 찾았다. 기술은 지금 당장 쓰이기 때문이다. 이처럼, 재취업이라는 중고차시장으로 가게 되면 우리는 실리를 추구해야 한다. 필자의 어머니가 큰누나를 약대에 보낼 때 하신 말씀이 '숲속의 10마리 새보다 손안의 1마리 새가 낫다'라는 것이었다.

생애 주된 일자리에서 물러난 뒤 완전히 은퇴할 때까지의 회색지대를 '점진적 은퇴 시기'라고 하는데, 베이비부머들이 본격적으로 퇴직을 하면서 회색지대 재취업시장 규모는 급속도로 확대될 전망이다. 55~74세의 인구를 보면 지금부터 10년간 400만 명이 증가하여 1,600만 명에 이른 후, 20년 동안 이 숫자가 유지된다. 총인구의 30

퍼센트에 이르는 정도다. 이에 따라 베이비부머들이 앞으로 30년간은 '점진적 은퇴시장'을 통해 사회에 영향을 줄 것으로 보인다. 베이비붐 세대의 점진적 은퇴시장은 많은 잠재성을 갖고 있으므로 잘 활용할 필요가 있다. 개인들도 중고차시장에서의 생존 전략을 짜야 한다. 재취업시장의 이동 경로에서 본 '전문성, 네트워크, 자격증, 눈높이 낮추기'가 이에 해당한다. 하나 더 덧붙이자면 다음 5장에서 볼 아레테[arete]다.

▌시간과 공간 과잉 사회

퇴직하면 남자는 가구가 된다고 한다. 집에는 있으나, 존재감이 없는 것이다. 60세에 은퇴를 하고 평균수명인 85세까지 산다고 가정하자. 사람들은 이 시간을 어떻게 보낼까? 미래에셋은퇴연구소의 보고서[9]에 따르면 은퇴 후에 주어지는 총시간은 22만 시간이다. 여기에서 필수시간과 와병시간이 반 정도 되고, 가용시간이 11만 시간으로 절반 정도를 차지한다. 11만 시간을 근로자의 연간 근무시간 2,160시간으로 나누면 50년이 나온다. 11만 시간은 근로자가 50년 동안 일하는 시간이다. 무척 긴 시간이다.

전체적으로 노후의 가용시간 중 여가에 6을 배분하고 일하는 데 4를 쓴다. 그런데 여가시간 활용을 보면 절반인 3만 3,000시간을 텔레비전 시청에 할애한다. 일수로 환산하면 1,383일이고 연수로 환산하면 약 3.8년이다. 먹지도 않고 자지도 않고 3.8년을 텔레비전만 보는 것이다. 은퇴 후반기에 일을 덜 하는 시간을 종교, 문화 활동, 교제와 같은 적극적 여가시간으로 활용하는 게 아니라 거의 대부분을 텔레비전 보기와 같은 소극적 여가로 써버린다. 성별로 보면 시간 활용에 있어 남성이 훨씬 큰 변화를 겪는다. 남성은 은퇴 후반기 가용시간의 78퍼센트가 여가시간이며, 대부분을 텔레비전을 보는 데 쓴다. 젊을 때 여성이 텔레비전 앞에 앉아 있었다면 은퇴 후반기에는 남성이 텔레비전을 붙들고 산다. 그렇게 퇴직하고 돌아온 남편은 소파와 일심동체가 된다.

고령사회는 시간부족time poor 사회가 아닌 시간과잉time rich 사회다. 젊은 층이 많았던 산업화 시대에 우리는 항상 '빨리빨리'였고 가족들은 가장 얼굴 보기가 쉽지 않았다. 직장을 다니는 젊은 층은 항상 시간이 부족하다. 하지만 은퇴 후에는 시간이 남는다. 젊을 때는 어떻게 시간을 효율적으로 배분하여 부족한 시간을 조금이라도 여유롭게 만들지 고민했다면, 고령사회에서는 남아도는 많은 시간을 어떻게 생산적으로 활용할지 고민하게 된다.

이를 위해서 텔레비전 보기와 같은 소극적 여가를 일과 적극적 여가로 옮길 필요가 있다. 무엇보다 텔레비전 보는 시간을 자신의 전문성과 기술 계발에 투자하면 좋다. 하나의 일에 1만 시간만 집중하면 전문가의 반열에 오른다고 하니, 텔레비전을 보는 3만 3,000시간의 3분의 1만 일하기에 투자하면 전문가가 될 수 있다. 그렇게 하여 전문가가 되면 여러 가지 선순환 고리가 만들어진다. 보다 오랫동안 일할 수 있으므로 75세 이후 일하는 시간도 늘어난다. 은퇴 후 11만 시간이나 되는 많은 가용시간을 텔레비전만 보고 지내는 데 쓰기보다 일정 부분 일로 이동할 수 있다.

시간만 남는 게 아니다. 1인가구가 많아지면서 공간이 남는 사회가 된다. 지금까지는 젊은 층을 중심으로 1인가구가 증가했지만 앞으로는 고령층을 중심으로 증가할 것이며, 고령층은 기존의 큰 집에서 가족이 같이 살다가 출가나 사별, 별거 등을 겪은 다음 혼자 사는 것이므로 혼자 큰 공간을 점유하게 된다. 현재 660만에 이르는 1인가구 수는 20년 후 900만까지 증가할 전망이다. 2005년에 1인가구 수가 불과 310만이었음을 감안하면 가히 상전벽해라 할 만하다. 총가구에서 차지하는 1인가구 비중도 2020년 32퍼센트에서 2040년에는 38퍼센트에 이르게 된다. 2040년 우리나라 1인가구 비중은 영국, 캐나다, 호주, 뉴질랜드보다 높은 수준이 될 전망이다.

눈여겨봐야 할 것은 우리나라 1인가구의 연령별 특성 변화다.[10] 30대 이하 1인가구 수(청년 1인가구 수)는 2005년 132만에서 2020년 245만으로 무려 113만 가구가 증가했다. 청년들의 주거 문제가 근래 핵심 이슈로 떠오른 이유다. 60대 이상 1인가구 수(고령 1인가구 수) 역시 2020년 223만 가구로 2005년에 비해 125만이 증가했다. 지금까지 전 연령에 걸쳐 1인가구가 증가했다. 하지만 앞으로는 연령별 구성에 큰 변화가 일어난다.

향후 20년 동안 전체 1인가구 수는 여전히 240만이나 증가하지만 이 중 청년 1인가구 수는 오히려 27만이 감소하고, 고령 1인가구 수가 무려 250만이나 증가한다. 그리하여 지금은 고령 1인가구 수가 청년 1인가구 수의 0.9배에 불과하지만 2040년에는 2.2배, 2050년이면 3배를 넘게 된다. 1인가구의 주인공이 청년에서 고령으로 넘어가는 대역전이 일어난다. 1인가구의 패러다임이 변하는 것이다. 여기에서 파생되는 변화가 있다.

여성의 수명이 길다 보니 고령 1인가구 중 여성가구가 많은 비중을 차지하게 된다. 현재 여성 1인가구 중에서는 70세 이상이 27.3퍼센트이고, 남성 1인가구 중 70세 이상은 8.8퍼센트에 불과하다. 앞으로 고령가구 수가 급증하면서 자연히 고령 여성가구가 주요 흐름으로 자리 잡을 것이다. 2040년에도 현재 성별 구성이 유지된다면, 전체 1인가구의 25퍼센트가 70세 이상의 여성가구가 된다.

1인가구의 주거 점유 유형을 보면 20대 1인가구는 자기 집이 8퍼센트, 월세가 64퍼센트를 차지하는 데 반해 70세 이상은 자기 집에 사는 비중이 65퍼센트, 월세 비중이 20퍼센트다. 향후 청년 1인가구가 줄고 고령 1인가구가 증가하게 되면 1인가구의 주거 점유 유형도 월세에서 자가로 옮겨가게 된다. 지금은 청년 1인가구를 위한 주택 수요가 월세를 중심으로 증가하고 있지만 장기적으로 이런 추세가 약화될 것이다.

이런 변화에서 공간 효율성 문제가 대두된다. 1인가구 중 20대 이하에서는 방의 개수가 1~2개인 비중이 64퍼센트인 반면, 70세 이상에서는 방의 개수가 3~4개인 비중이 83퍼센트에 이른다. 1인가구의 흐름이 청년에서 고령으로 변하면 혼자 3~4개의 방을 갖고 사는 가구가 많아진다는 뜻이다. 1년에 몇 번 찾아오지도 않는 자녀의 방문을 대비해서 3~4개의 방을 보유하고 있게 되면 공간 효율성 문제가 나타난다. 아파트 중심이라 빈방을 임대하는 것도 쉽지 않다. 일본에서 빈집이 문제라면 우리나라에서는 빈방이 문제가 된다.

우리나라 1인가구가 청년에서 고령으로 바뀌면 ❶고령 여성 1인가구가 지배 가구가 될 것이고 ❷주거 점유의 유형이 월세에서 자가로 이동하며 ❸1인가구의 빈 공간이 많아진다. 이런 변화에 어떻게 대응해야 할까? 공간과 관련해서는 고령자에게 최적화된 소규모 주택 공급을 통한 주택의 다운사이징과 주택을 활용한 현금 흐름 창출이 필요하다. 1인가구의 패러다임이 청년에서 고령자로 변하면서 아파트 공화국인 우리나라의 주거 패러다임 역시 변하게 된다. 주택 활용, 주거, 자산 관리 모두에서 유의해야 할 부분이다.

시간과 공간이 과잉인 시대, 해법은 1인 1기와 주택 다운사이징, 빈방 활용, 주택연금의 활용이다.

▌ n차 인생과 1인 1기

사람의 삶은 3막이다. 학교에 다니면서 학습하는 1막, 일을 하는 2막, 그리고 은퇴하여 생업에서 벗어나는 3막이다. 인간의 나이에 맞게 역할도 분업화된다. 배워야 할 때 집중적으로 배우고 일해야 할 때 집중적으로 일만 하며, 마지막으로 은퇴하여 집중적으로 노후의 삶을 사는 것이다. 현대에 이르러서는 '학습-일-은퇴'라는 1, 2, 3막의 기간이 우리나라는 대략 30년, 30년, 30년이다. 하지만 이제 삶의 시기에 따른 분업화가 깨지고 있다. '학습-일-은퇴'가 아니라 '학습-일-휴식, 학습-일-휴식, 학습-일-휴식'이 중첩적으로 이루어지는 것이다.

젊은 세대는 평생에 걸쳐 이 과정을 밟게 될 것이다. 일을 하다가 새로운 것을 배우면서 휴식의 기간을 가진 뒤 또 새로운 일을 하는 과정이다. 60년대생도 30년이라는 은퇴 기간을 이렇게 보내야 할 듯하다. 새로운 학습을 하고, 새로운 일을 하고, 휴식하고…. 하나의 과정에서 끝날 수도 있고 여러 가지를 중첩적으로 할 수도 있다. n차 인생에서 가장 중요한 것은 전문성이다. 전문성을 가진 사람들은 언제든 오래 일할 수 있다. 기술을 가진 사람은 재취업이 쉽다. 일본에서는 80세를 넘긴 사람도 기술자는 재고용이 된다. 건물을 감리하는 사람들은 정규직처럼 오랜 시간 일하지 않더라도 프리랜서처럼 자신의 건강과 여건에 맞게 일할 수 있다. 감리는 경험이 쌓일수록 보는 눈이 밝아지기 때문이다.

기술은 삶에 배당금을 준다. 쿠키, 스크램블드에그처럼 삶을 풍요롭게 해주는 유용한 기술도 있지만 깊이 천착해야 하는 기술도 있다. 자신의 전문성을 깊게 하는 것이다. 문득 이런 생각이 든다. 누군가 갑자기 나에게 주제를 주고 바로 강의를 해달라고 하면 나는 강의를 몇 시간이나 할 수 있을까? 1시간을 할 수도 있고 10시간을 할 수도 있겠다는 생각이 든다. 실제로 기업에 강의하러 갔을 때 대표이사와 잠시 이야기를 하게 되었다. 그런데, 대표이사가 강의에서 원하는 내용은 실무자가 요청한 것과 달랐다. 대표이사는 내가 발표

하려는 내용의 20분의 1 정도에 해당하는 부분을 자세하게 말해주기를 원했다. 나는 접견실에서 강의실로 걸어가는 1분 동안 생각을 정리해서 20분의 1에 해당하는 내용을 1시간 내내 강의했다. 이런 것이 전문성이지만 필자는 아직 초보에 불과하다. 더 깊게 만들어야 한다.

어떻게 그 길을 가야 할지 고민하는 중에 마침 피트 데이비스의 저서 『전념』[1]에서 지침이 되는 내용을 발견했다. 그는 우리가 삶의 깊이를 더하려 할 때 3가지를 유념할 필요가 있다고 했다. 우선, 삶의 깊이를 더하여 전문성의 길로 나아가는 것은 화려하지 않고 평범하고, 지루하며, 반복적인 작업일 수 있다. 극히 사소해 보이는 잘못도 소홀히 하면 안 된다. 독자는 대충 보는 글이지만 글 쓰는 이는 토씨 하나까지 세심하게 검토해야 한다. 강의를 잘하는 방법은 강의를 많이 하는 것이라는 말이 있다. 5년 전에 비해 강의 실력이 늘어난 것 같지 않아 보여도 꾸준히 해야 한다. 가수는 신곡 발표에 앞서 1,000회 이상 노래한다고 한다. 지루하며 반복적인 작업이다.

둘째, 깊이는 노력에 비례해서 나타나지 않는 경우가 많다. 노력에 따른 결과는 비선형적으로 나타난다. 100번 망치를 두드려도 아무렇지 않다가 101번째 쇠막대가 부러지는 것과 같다. 골프에서 수백 번 같은 스윙을 반복해도 나아지지 않다가 어느 순간 공의 질이 달라지는 것이다. 실력이 진전되지 않고 답보 상태에 있어도 이번이 101번째 망치질이라는 기대로 계속 천착해야 하는 이유다. 그런데 만일 그 101번째가 오지 않는다면?

셋째, 잘 안 풀릴 수도 있다는 생각을 담담하게 받아들인다. 꼭 성취해야만 한다는 생각이 없을 때 자신의 전문성에 깊이를 더하는 길을 꾸준히 걸을 수 있다. 성취해야 한다는 생각이 너무 강하면 빨리 결과가 나오지 않을 때 다른 길을 모색하게 된다. 우물을 파다가 물이 당장 나오지 않는다고 그 우물을 그만 파고 다른 우물을 파는 격이다. 젊을 때는 성취에 초조할 수밖에 없지만 인생 후반에는 여기에서 좀 더 자유로울 수 있다. 이것이 노년의 이점 아니겠는가!

린다 그래튼은 『일의 미래』에서 수많은 소규모 기업이 생태계를 이룰 것으로 봤다. 네트워크가 확장되면 각 개인의 네트워크를 통한 협력과 참여가 중요해진다. 이전에는 하나의 거대한 기업이라는 단위에서 이루어진 일들이 흩어진 개인들의 협력과 참여를 통해 이루어진다는 뜻이다. 수억 명이 소기업가로 활동하며 인터넷을 통해 생태계를 형성해간다.[12] 생태계를 형성하기 위해서는 자신만의 기술이나 정체성이 있어야 한다. 이러한 사회에서 어떤 직업과 일을 가질 것인가? 일반적인 관리 기술은 그 범위가 한 회사로 한정되어 있을 뿐 아니라 일반 지식은 인터넷 지식저장소가 그 역할을 대신하고 있으므로 심층적인 지식과 능력을 키워야 한다고 말한다. 한 분야 이상에서 깊이 있는 능력과 지식을 길러야 한다. 미래에 다가올 환경은 1인 1기에 적합하다. 1人 1技(재능)뿐 아니라 1人 1企(기업)도 될 수 있다.

▌아파트 공화국의 미래

이제 남아돌 공간의 문제를 살펴보자. 큰 집을 갖고 있지만 현금 흐름은 없는 삶을 유지할 수 있을까? 현금 흐름이 없는데도 남는 방을 유지할 수 있을까? 아파트 공화국은 계속 번성할 수 있을까? 인구가 늘어가고 이어서 감소하는 사회에서 성장 시대에 번성했던 아파트는 여전히 삶의 터전이자 부의 증식 수단이 될 수 있을까? 아파트는 어떻게 적응할 것이며 우리는 또 어떻게 변화에 적응할 것인가? 부동산은 한국인의 삶에서 중추적인 역할을 하기에 여러 의문이 떠오른다. 어떤 상황에서도 굳건하게 유지되던 아파트 공화국이 미래에 변할 것이라고 생각하기도 어렵다. 주거 공간의 과잉과 아파트 공화국의 미래를 데이터를 통해 한번 살펴보자.

우선, 자금 흐름면에서 부동산은 여전히 유효하다. 고령화가 되면 돈이 고령자와 연금에 집중되면서 금융자산이 증가하고, 금융자산은 주식보다는 예금과 부동산에 집중된다. 최근에는 연금조차 예금의 비중이 높다 보니 은행으로 흘러들어간 돈은 주택담보대출을 통해 또 부동산으로 연결될 가능성이 크다. 청년안심대출 등 정책자금 대출도 있다. 가계부채 증가와 부동산 가격 상승이 멈추지 않는 이유가 여기에 있다.

문제는 경제 펀더멘털(기초체력)이 따라주지 못하는 상황에서 부동산만 호황을 누리는 디커플링(분리) 현상이 지속될 수 없다는 점이다. 부동산시장에 유입되는 돈의 흐름이 약해지면 분위기는 곧바로 반전될 수 있다. 이대로 두면 부동산시장의 버블이 커지고 붕괴하는 과정에서 성장잠재력이 훼손될 뿐 아니라 베이비부머들의 노후가 불안정해진다. 2014년 최경환 부총리가 '빚 내서 집 사라'라는 발언을 했을 때, 실제로 베이비부머들은 집을 여러 채 매입했고 임대소득으로 노후를 준비하려 했다. 당시 55~64세의 대출이 다른 연령대와 비교해 계속 증가한 것을 보면 이를 알 수 있다. 공교롭게도 이때 산 집의 가치는 두 배가량 증가했고, 이는 많은 사람의 뇌리에 남아 있다. 이 기억을 이제 지워야 한다. 현재 우리나라의 가계부채 비율은 위험한 수준으로, 중국과 더불어 가장 크게 증가한 나라다.

우리나라의 독특한 인구구조가 그 위험을 배가시킨다. 우리나라 베이비붐 세대는 층이 두텁다. 1차(1955~1963년생)와 2차(1968~1974년생) 베이비부머로 나뉘므로, 다른 나라들이 단봉낙타 모양의 분포를 이룬다면 우리는 코끼리 등 모양이다. 장기간에 걸쳐 분포해 있는 베이비붐 세대에게는 고령화의 부정적 영향이 더디게 나타난다. 올해

연령별 가구 수 전망(단위: 만 가구)

	2020년	2030년	2040년	2050년	2020~2050년
총가구 수	2,073	2,318	2,386	2,284	+211
20~30대	476.1	469.2	365.8	284.9	-191
40~50대	906.6	832.2	764.6	666.6	-240
60대 이상	682.9	1,010.2	1,252.5	1,328.2	+645

자료: '장래 가구 추계 2020~2050', 통계청, 2022. 6. 28.

"앞으로 가구는 처절하게 늙어간다."

1955년생은 68세에 접어들고 베이비부머의 끝인 1974년생은 이제 49세로 활발한 경제활동을 한다. 그러다 보니 1차 베이비부머의 고령화 영향이 덜 나타난다. 현재 부동산시장이 이러한 착시^{illusion}에 빠져 있다. 하지만 코끼리 등 모양의 인구 분포는 시간이 흘러 부정적인 영향이 가시화되면 백약이 무효일 정도로 걷잡을 수 없다는 단점이 있다. 대비할 시간을 주는 반면 그때 제대로 대처하지 못하면 파국을 맞아야 한다.

우선, 가구 수 변화를 살펴보자. 우리나라 가구 수는 2038년까지 계속 증가하여 정점을 이루고 감소한다. 전체적으로 30년 동안 211만 가구가 증가한다. 하지만 가구주 연령별로 가구 수 변화를 보면 20~30대는 191만이 감소하고 40~50대도 240만 가구가 감소한다. 2020년부터 40~50대 가구 수가 처음으로 줄어들고 20~30대는 2030년을 지나면 거의 100만 가구가 줄어든다. 신혼이거나 가족 구성원이 많아져서 실수요로 집을 구입해야 하는 20~50대의 가구 수는 이미 꺾였다. 다만 60대 이상인 가구가 30년간 645만 가구나 증가하면서 전체 가구 수 증가를 주도하고 있다. 우리나라 총가구 수는 계속 증가하는 듯이 보이지만 처절하게 늙어가고 있다. 이들 연령층에게는 역세권의 비싼 집이 필요 없고 많은 방도 필요 없다.

변수는 있다. 1인당 GDP가 3만 달러를 넘는 사회에는 좋은 지역과 집을 보유할 만한 계층이 있으므로 주택가격이 전반적으로 떨어지는 것은 아니다. 우리나라에서 집은 이미 계층을 나누는 수단이어서 경제적인 적정 집값 이외에 계층 프리미엄이 있다. 그리고 여러 정부에서 계속 시도했지만 고치지 못하고 있는 입시제도도 한몫을 한다. 구해근(2022)은 계급의 구별 짓기가 한국에서는 소비를 통한 신분 경쟁, 주거지의 계층적 분리, 심화되는 교육 경쟁으로 이루어지는데 두 번째와 세 번째가 결합되어 있으니 그 효과는 클 수밖에 없다고 말한다. 그래서 특권 중산층이 거주하는 지역의 집값은 하방 경직성이 있을 것이다. 다만 그렇다고 과거처럼 몇 배씩 오르기는 어려울 것이다. GTX가 10년만 빨리 연결되었어도 강남 집값이 안 올랐을 것이라고 이야기하는데, GTX 교통망이 완료되면 집값의 격차가 줄어들 것이다. 게다가 가구는 철저하게 늙어간다. 그들이 강남에서 방 하나 놀리는 현금 흐름의 기회비용을 지속적으로 감당할 수 있을지 의문이다.

게다가 1인당 소득이 과거처럼 빨리 증가하지 않는다. 2000년에서 2017년까지 1인당 GDP는 1만 달러에서 3만 달러로 세 배가 되었다. 엄청난 증가 속도다. 좋은 집에 대한 수요가 증가할 수밖에 없다. 최근에 집값이 오른 이유 중 하나도 새집 공급이 부족하다 보니 새집에 과다한 프리미엄이 붙었기 때문이다. 우리는 1960년 79달러 후진국에서 시작하여 중진국, 선진국을 거쳤다. 1980년대 중후반에 소득 3,000달러였다. 그때 집을 지었는데 지금 소득은 그 열 배가 넘는다. 성에 찰 리가 없다. 집의 총 숫자가 문제가 아니라 새집의 숫자가 중요하다. 아마 1기 신도시에서 새집의 공급량을 대폭 늘려야 할 것이다. 지금은 재건축 연한을 따질 때가 아니다. 우리나라의 소득 변화를 살펴보아야 한다.

결국 GTX 교통망 부재, 새집 공급 부족, 1인당 소득의 대폭적인 증가가 집값 상승을 가져왔다. 그런데 이 3가지 요인이 다 변하

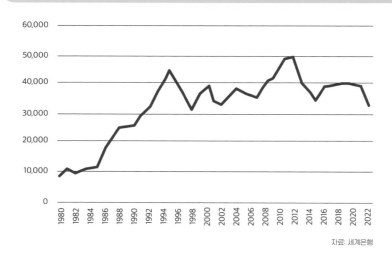

일본의 1인당 GDP 추이(1980~2022)(단위: 달러)

자료: 세계은행

"1990년대 이후 30년간 일본의 1인당 GDP는 정체 상태를 보인다."

고 있다. 시간의 문제일 뿐 10년 이내 앞의 두 요인은 상당 부분 해소될 것이다. 게다가 1인당 소득이 앞으로 정체되므로 주택 수요는 줄어든다. 우리나라는 과거 20년처럼 소득이 증가하지 않는다. 이창용 한은 총재는 우리가 장기 저성장에 진입한 것으로 보고 있다. 일본이 1990년대 장기 저성장에 접어들면서 30년간 1인당 GDP가 정체 상태였던 것을 참조할 만하다(위 그림). 우리나라에서는 GTX 교통망 부재, 새집 공급 부족, 1인당 소득의 대폭적인 증가라는 3가지 집값 상승 요인이 앞으로는 모두 집값을 안정시키는 방향으로 작용한다. 게다가 가구는 엄청 늘어가지 않는가.

우리는 집 한 채를 통해서도 노후를 준비할 수 있었다. 집을 사면 집값이 연 5~10퍼센트의 수익률을 보여주니까 주거지도 마련하고 돈도 버는 격이었다. 주거지를 잘 옮기기만 해도 노후 준비가 되었다. 퇴직 즈음에 두 채 중 한 채를 팔거나 좀 더 값싼 집으로 옮기면 노후 대비 현금 흐름이 준비된다. 그뿐 아니다. 보유하는 주택으로 주택연금까지 받으면 그야말로 '국민연금+주택 차익 현금 흐름+주택연금'으로 노후 준비가 된다.

이제는 이 관점을 바꾸어야 한다. 일본처럼 주택가격이 폭락하지는 않겠지만 주택의 기대수익률이 과거에 미치지 못하기 때문이다. 장기 저성장에 들어갔는데 어떻게 주택가격만 이전처럼 오르겠는가? 그렇게 오른다면 이후 버블 붕괴를 반드시 겪게 된다. 주택, 특히 아파트에 집중된 부동산 자산을 분산해야 한다. 부동산 자산을 다양하게 할 필요가 있다. 주택연금은 주택가격이 하락해도 영향을 받지 않는다. 주택가격이 하락하거나 오르지 않을 것으로 기대되는 지역에서는 주택연금을 통해 주택가격 변화를 헤지하고 현금 흐름을 확보하는 게 필요하다. 주택을 지금까지 소비재와 투자재의 결합으로 보았다면 앞으로는 다른 부동산이나 우량자산을 통해 기대수익률을 높이거나 주택연금으로 불확실성을 줄일 필요가 있다.

아파트 공화국을 강준만 교수는 바벨탑 공화국[13]이라 불렀다. 아파트 공화국에 인간의 교만과 욕망을 반영한 용어다. 이것도 외환위기 이후 2000년대의 고도성장이 낳은 현상이라 하겠다. 그는 '우리는 왜 비싼 집에 사는 가난한 사람이 되었는가?'를 묻는다. 소득이 있을 때는 비싼 집에서 견딜 수 있지만 소득이 없어지면 비싼 집에서 견디기가 어렵다. 소득이 없어졌을 때의 두려움은 닥쳐보면 안다. 그 변화가 10년 이내 닥칠 것이다.

▌ 자산 서식지를 옮겨라

넷플릭스 시리즈 중 멕시코 마약상의 이야기를 그린 「나르코스」라는 드라마가 있다. 이 드라마에서 1995년 초 멕시코 사람들은 갑자기 '내 돈 어디 갔나!'를 부르짖는다. 부자와 중산층 모두. 무슨 일이 일어난 걸까? 멕시코는 페소화를 1달러 3.5페소에서 갑자기 5.5페소 수준으로 평가절하했다. 여기에 그치지 않고 페소화는 1달러당 7.5페소까지 떨어졌다. 가치가 무려 114퍼센트 하락했다. 우리나라 환율로 생각해보면 1달러 1,000원 하던 환율이 2,140원이 된 것이다. 내 예금 잔고는 그대로인데 내 예금으로 살 수 있는 해외 물건의 가격이 두 배 이상 올랐다. 이러니 다들 '내 돈 어디 갔나'를 부르짖은 것이다. 예금도 통화의 가치가 급변하면 안전하지 않다.

베네수엘라 관련 방송을 본 적이 있다. 남편과 아내가 각각 의사와 교수인데 남편은 해외로 돈을 벌러 갔고 아내는 국내에서 생활하고 있었다. 인상 깊었던 장면은 기자와 함께 주유소에 들러 가솔린을 넣고 나서, 대금으로 카드를 내미는 게 아니라 칫솔 세트를 주는 것이었다. 베네수엘라의 물가가 급등한 탓이었다. 어느 정도였을까? 2017년에 440퍼센트, 2018년에 6만 5,000퍼센트, 2019년에 2만 퍼센트가 올랐다. 국제 유가 폭락에 미국의 경제제재가 겹치면서 베네수엘라는 한순간에 나락의 길을 걷게 되었다. 안전하다고 생각되던 현금과 예금은 가치가 폭락했다. 물가가 10만 퍼센트 오르면 1억 원의 현금 가치는 10만 원이 된다. 10억 원을 노후 준비 예금으로 두고 있었는데 물건을 100만 원어치밖에 못 사게 된 것이다.

멀리 갈 것 없이 아르헨티나는 2023년 물가 상승률이 211퍼센트에 이르렀다. 현금보다 벽돌을 사놓는 게 낫다고 할 지경이다. 우리나라만 해도 최근 건축비 인상 흐름을 보면 현금보다 벽돌을 들고 있는 게 나았을 판국인데 아르헨티나는 오죽하겠는가. 예금의 적(敵)은 인플레이션이다. 특히 급작스러운 인플레이션에는 누구라도 속수무책이다. 예금이 가장 안전하다는 고정관념을 버려야 한다.

우리나라는 인플레이션이 불안정하게 높아질 가능성은 별로 없지만, 그렇다고 2000년대와 같은 저물가 시대는 당분간 오지 않는다. 덧붙여 장기 저성장과 고령화에 따른 문제를 유의해야 한다. 우리나라 장기 저성장의 중심에는 인구문제가 있다. 세계에서 유례없이 젊은 인구가 줄어들고 나이 든 인구가 많아지는 것이다.

우리나라 인구문제에는 '급변하는', '유례가 없는', '세계에서 가장 빠른 속도로 늙어가는'과 같은 수식어가 붙는데, 이보다는 '붕괴하는'이라는 수식어가 맞을 듯하다. 젊은 사람과 나이 든 사람과의 구성비가 너무 맞지 않아서 사회가 정상적으로 지탱되지 못하는 모습이 나타난다는 의미다. 우리나라의 핵심생산인구에 해당하는 25~64세의 숫자는 지난 30년간 1,000만 명이 증가했다. 하지만 앞으로 30년 동안 1,000만 명이 감소한다. 10년에 330만 명 정도가 줄어든다. 10년마다 부산 규모의 도시 하나가 사라지는 셈이다. 이민을 받아들여도 해결할 수 없는 숫자다.

독일에서 벤츠와 BMW를 타고 다니는 사람은 연금소득자라고 한다. 오스트리아에서도 비싸고 좋은 곳에서 서비스를 받는 사람은 은퇴자들이다. 고령화가 심각한 유럽에서 어떻게 이런 일이 가능할까? 고성장 시기에 잘 준비했기 때문이다. 하지만 이것만으로는 부족하다. 유럽은 이민, 난민 등으로 주변국 젊은이들이 이동해온다. 이처럼 유럽은 1.5명 내외의 합계출산율과 이민자들이 고령사회를 지탱해주고 있다. 프랑스도 외국인의 출산율이 높다.

우리의 현실은 어떨까? 합계출산율 0.7명 수준에, 이민자는 별로 없다. 게다가 일본에서는 노인이 부자인데 우리는 노인이 빈곤하다. 우리는 인구구조 붕괴에 마땅한 대책이 없다. 기둥이 흔들려도 옆에 받쳐줄 수 있는 마땅한 지지대가 없다. 장기 저성장이 지속되면 국가의 채무가 증가한다. 자연스럽게 '국가채무/GDP'가 오르게 된다. 분자인 국가채무는 증가하는데 분모인 GDP는 정체되어 있기 때문이다. 일본의 경우 이 비율이 10년 만에 두 배가 되었다. 50퍼센트였던 것이 20년 만에 200퍼센트가 된 것이다. 한마디로 과거의 고성장·저부채 사회에서 저성장·고부채 사회로의 이행이 시작된다. 이렇게 되면 국가의 안정성이 떨어진다. 충격에 약해지고, 충격을 받으면 회복하기 쉽지 않게 된다.

이런 상황에서 자산 관리의 가장 중요한 화두는 '내 자산을 어디에 둘 것인가'라는 문제다. 무엇보다 자산의 서식지를 글로벌 우량자산으로 옮겨야 한다. 국내에 있는 안전한 자산이 안전한 것이 아니다. 안전이라는 범위를 국가 내로 한정하지 말고 글로벌로 확장해서 보아야 한다. 예금은 안전하다고 하지만, 국가의 시스템이 흔들리면 통화가치가 떨어지거나 물가가 오르면서 자산의 실질가치가 떨어진다. 글로벌 차원의 안전을 추구해야 하는 이유다. 미래의 시간이 많이 남아 있는 젊은 층은 더욱 그러하다.

우리나라는 산업경쟁력이 골고루 좋다. 조선업부터 시작하여 화학, 자동차, 반도체, 바이오, 배터리 등 산업 스펙트럼이 넓다. 이런 나라가 흔치 않다. 또 교육 수준과 교육열이 높고 질서도 잘 지킨다. 미시적인 것은 튼튼하다. 문제는 국가의 틀이다. 통화, 인구, 군사력, 지정학적 위치 등이 여기에 해당한다. 우리나라 통화는 튼튼하지 않다. 선진국이 되려면 통화가 안정적이어야 한다. 미국에는 달러화, 일본에는 엔화, 영국에는 파운드화가 있고 유럽 국가들은 통화를 뭉쳐서 유로화를 만들었다. 캐나다, 대만, 호주, 싱가포르 등에서는 모두 캐나다달러, 대만달러, 호주달러, 싱가포르달러 등으로 달러라는 이름을 붙였다. 우리나라의 인구 역시 앞으로 세계에서 최악의 구조를 보이게 된다. 지정학적으로는 동아시아 국가들 중에서는 분쟁의 한가운데 있다.

반면에 미국은 좀도둑이 기승을 부리고, 주택가에서 총소리가 심심찮게 들리고, 마약이 범람하는 등 미시적으로 보면 문제투성이인 것 같지만 국가의 틀이 튼튼하다. 달러라는 가장 강력한 기축통화, 1위의 군사력, 1위의 해군력, 기업경쟁력, 태평양과 대서양이 동서를 지키고 있는 지정학적 위치, 탄탄한 인구구조 등을 갖고 있다. 묘하게도 우리나라와 정반대의 특징이다. '가장 좋은 친구는 나와 가장 다른 친구'라는 말이 있다. 자산도 내가 가진 것과 가장 다른 성질을 보이는 자산을 서로 섞으면 좋다. 우리는 이제 자산 서식지를 글로벌 우량자산으로, 국가의 틀이 튼튼한 곳으로 옮겨야 한다. 이것은 애국심과는 별개의 행동이다. 한국에 살고 있는 우리가 노후의 안정성을 담보하기 위해 가져야 하는 자산의 구성이다. 국가 차원에서는 성장하는 국가의 부가가치를 수취할 수 있는 기회이기도 하다. 자산의 서식지를 글로벌 초우량자산으로 옮기는 것은 60년대생뿐만 아니라 그 자녀들에게 더욱 요구되는 자산 구성이다.

n차
인생을
준비하라

인생 후반에 가장 중요한 것이 무엇이냐는 질문을 자주 받는다.
필자는 서슴없이 돈이라고 답한다. 돈이 없으면 영양을 제대로
섭취하지 못해서 건강도 지키지 못한다. 돈이 없으면 주체적인 삶을
살기가 어렵다. 그런데 수명이 길어지면서 필요한 은퇴자금이 많아졌을
뿐 아니라 설상가상으로 수명이 얼마나 길어질지도 불확실해졌다.
그에 따라 돈을 얼마나 준비해야 할지도 불확실해졌다. 게다가
근로소득이라는 일정한 소득도 없어진다. 수명이 길어지면서
60년대생의 노후는 마치 하나 더 받은 삶과도 같은데, 돈이
뒷받침되지 않으면 하나 더 받은 그 삶을 불행하게 보낼 수 있다.
결국 '노후의 행복=돈'이 성립된다. 노후 돈 관리의 핵심적인 요강을
알아본다. 세세한 재테크는 그다음의 일이다.

당신의 아레테는
무엇인가?

인생 후반에는 일의 가치를 어디에서 찾아야 할까? 강의 때 얘기를 나눠보면 의외로 60년대생들은 재정적인 부분은 준비를 잘 해둔 듯하다. 대부분이 경제적인 목적으로 일을 한다고 하는데, 대기업에서 퇴직을 준비 중인 사람들은 10명 중 9명이 자기실현, 건강, 시간 보내기, 삶의 의미 찾기 등에 가치를 둔다고 답했다. 소위 일이 갖는 비경제적 가치를 중시하는 것이다. 적정한 일은 건강을 증진하고, 삶에 의미를 부여해주며, 관계와 교제를 가능하게 해준다. 하지만 이제 장수시대다. 인생 후반의 일의 가치가 여전히 과거의 범주에 머물러 있어야 할까? 일의 가치를 한 단계 더 밀고 나갈 수는 없을까? 일의 비경제적인 가치도 좋지만, 필자는 한 단계 더 깊은 목적을 주문하고 싶다.

이노 다다타카(1745~1818)는 일본 에도시대 사람이다. 17세에 다른 집의 양자로 들어가 크게 부를 이루었지만 50세에 장남에게 가업을 물려주고는 30대 초반의 천문학 스승을 모시고 천문학 공부를 시작했다. 당시 기준으로 50세는 지금으로 보면 족히 70세는 되는 나이다. 1800년에 막부로부터 지도 제작 의뢰를 받고 17년간 일본 전역을 돌아다니며 실측을 했는데, 이노가 실측을 위해 걸어 다닌 거리는 지구 둘레의 85퍼센트나 되었다. 이노는 실측을 마친 후 지도 제작을 시작했지만 안타깝게도 2년 후 73세의 나이로 세상을 떠나고, 제자들이 지도를 완성했다. 이 지도가 일본 최초의 실측 지도로, 위도 1도의 오차가 1,000분의 1에 불과하다.[1]

이노는 왜 천문학 일을 했을까? 건강을 위해서? 삶의 의미를 찾기 위해서? 서머싯 몸이 쓴 소설 『달과 6펜스』에서 그 답을 찾을 수 있을 것 같다. 런던에서 주식 브로커로 일하며 돈을 잘 벌고 있었던 주인공은 어느 날 모든 것을 버리고 파리로 그림을 그리러 떠난다. '달'은 그림을 그리는 삶, '6펜스'는 주식 브로커로 살아가는 삶을 뜻한다. 둘 다 둥근 모양이지만 본질은 완전히 다르다. 소설 속에서 주인공은 '그림을 그리려고 파리에 왔다'라고 하지 않고, '나는 그림을 그려야만 한다'라고 말한다. 이노 역시 젊어서부터 마음에 품어온 천문학 일을 '해야만 했던' 것이다.

바로 이 성질이 '아레테'다. 아레테는 그리스 말로 '탁월함' 혹은 어떤 사물이 드러내는 뛰어난 가치 등을 의미한다. 보통 '○○의 아레테'로 쓰인다. 달리기 선수의 아레테는 잘 달리는 것이고, 칼의 아레테는 물건을 잘 자르는 것이며, 목수의 아레테는 집을 잘 짓는 것이다. 이노 다다타카의 아레테는 천문학이었다. 인생 후반에는 일의 가치에서 비경제적 가치가 중요한 것이 맞다. 하지만, 60세 이후 건강한 삶이 20년 정도 있다면 일의 다른 가치를 추구해봄 직도 하다. 일의 가치를 한 단계 더 깊이 들어가 거기에서 자신의 강점, 자신의 아레테를 실현해보는 것이다.

미국의 모지스 할머니(1860~1961)는 78세부터 그림을 그리기 시작하여 101세에 죽기까지 1,500여 점에 이르는 그림을 그렸다. 농부였던 남편이 사망하자 홀로 뭘 할까 고민하다가, 평소 그림 그리기를 좋아하는 엄마를 본 딸의 권고로 그림을 시작하게 되었다. 지성이면 감천이라고, 동네 약국에 팔려고 걸어놓은 그림을 우연히 지나가던 화상(畵商)이 보았고, 그가 모지스 할머니의 그림들로 뉴욕에서 전시회를 열면서 모지스 할머니는 미국 전역에 알려지게 되었다.[2] 모지스 할머니는 그림을 그리는 자신의 아레테를 인생 후반에 실천했다.

고령화를 앞서 경험한 일본에서는 60대를 넘은 나이에 신춘문예에 등단하는 사람들이 속속 나오고 있다. 우리나라도 마찬가지다. 하기주(1939~) 작가는 코오롱 대표이사를 지내고 은퇴하여 글쓰기에 매달렸다. 그리하여 84세에 『목숨』이라는 3권짜리 장편소설을 냈다. 마산, 창녕, 함안, 남지 등을 중심으로 펼쳐지는 일제시대 한 가문의 이야기다. 하 작가는 학창 시절 문학상을 받을 만큼 글에 재능이 있었지만 직장 생활을 하는 동안 펜을 놓았고, 60대에 은퇴를 하고 나서 소설 집필을 시작했다. 하 작가는 앞으로 해방 이후의 마산 이야기를 쓸 계획이다.

강만수 전 기획재정부 장관은 2022년 77세의 나이에 한국소설신

인상 단편소설 부문에 당선되어 문단에 등단했다. 경남고 2학년 때 소설가가 되겠다며 자퇴한 적이 있을 정도로 글쓰기를 좋아했다. 글쓰기보다 공부가 쉽다는 선생님의 말에 다시 학교로 돌아왔고, 이후 행정고시에 합격해 관료를 지낸 다음, 은퇴 이후에 자신의 아레테인 글쓰기를 시작했다. 강만수 전 장관에게 글쓰기는 거부할 수 없는 운명이었다. 그래서 저명인사임에도 불구하고 늦은 나이에 문예지 등단을 고집하는 정석의 길을 밟았다.

장수시대에 인생 후반의 일을 선택할 때는 한 단계 더 깊은 곳에 가치를 두어보자. 건강, 시간 보내기, 취미, 관계와 같은 비경제적 이유로 일을 선택하는 것도 좋지만 자신의 강점, 자신이 응당 해야 할 일, 즉 아레테를 찾고 이를 실천해가는 것이다. 필자는 요즘 글을 쓰고, 강의 준비를 하고, 강의를 한다. 일주일 내내 사무실에 나온다. 그냥 이 일이 자연스럽기 때문이다. 40대 초반에 채권운용 책임을 맡으면서 신문에 관련 칼럼을 써왔던 것이 우연은 아니었던 듯하다. 공교롭게도, 방송대 편입을 위해 학부 성적증명서를 떼어보니 별로 신경 쓰지 않았던 국어 과목의 성적이 두 학기 연속 A⁺였다. '나의 아레테는 무엇인가?'라는 질문을 던져보자. 아레테는 보다 오래 여러분의 노후 전문성을 이어가게 할 것이다.

█ 인출이 축적보다 어렵다

2023년 정초에 태백산에 올랐다가 무릎이 아파서 2~3일 후유증을 겪었다. 나름 꾀를 낸다고 옆걸음으로 산을 내려온 게 화근이었나 보다. 산은 오를 때보다 내려올 때가 위험하다. 실제로 하산 때 사망사고가 많이 발생한다. 등반가들은 고도 8,000미터 이상에서 하산하는 도중에 사망하는 경우가 많다. 정상에 오른 후 내려오는 상류 비탈에서 사고가 많이 발생한다. 축적과 인출로 이루어지는 생애자산 관리도 올라가는 축적보다 내려오는 인출에 많은 위험이 도사리고 있다. 특히 인출 초반의 위험이 크다. 정상에 잘 올랐다고 자만할 것이 아니다. 이는 중간 지점에 불과하고 이제 더 위험한 길을 내려와야 한다.

생애자산 관리라는 산을 오를 때(자산축적)는 열심히 일하면 된다. 직장에서 높은 소득을 받고 오래 일자리에 머물면 상당 부분 자산이 축적된다. 생활비가 증가해도 이에 상응하여 근로소득도 오르기에 구매력 걱정을 안 해도 된다. 자산운용수익률에 따라 축적 규모가 달라질 수 있지만 재테크를 잘한 일부 사람을 제외하면 그 차가 크지 않다. 대부분의 경우 국민연금은 국가가 관리해주고 DB형(확정급여형) 퇴직연금제도에서는 임금 상승률만큼 퇴직급여가 증가하기 때문에 집을 구매하는 것을 제외하면 본인이 직접 운용해야 하는 자산은 많지 않다.

하지만 퇴직을 하고 축적한 자산에서 은퇴소득을 만들 때(자산인출)는 축적과는 차원이 다른 문제가 생겨난다. 우선, DB형 제도에서는 자신이 운용할 필요 없이 임금 상승률만큼 퇴직급여가 증가했지만 이제 IRP(개인퇴직연금)로 퇴직급여를 이체하면 전적으로 자신이 운용해야 한다. 자산 관리를 해보지 않은 사람들은 상당히 곤혹스러워하며 돈을 대부분 금리가 낮은 예금에 둔다. 예금의 금리가 너무 낮아서 높은 금리를 찾던 사람들은 중위험 상품이라는 ELS(주식연계증권)에 가입한다. 원금 보장이 되지 않는 ELS는 평소에는 중위험이다가 주식시장이 급락하면 갑자기 고위험으로 변하는 상품이다. 피 같은 은퇴자금을 날릴 수도 있다. 젊을 때 자산 관리라고는 모르고 살았던 사람들은 은퇴 후 퇴직금을 인출할 때 안내를 잘 받을 필요가 있다.

또 하나 변화하는 환경은 근로소득이 없어진다는 점이다. 근로소득이 있을 때는 투자에 실패해도 계속 새로운 돈이 유입되므로 빨리 회복이 된다. 반면에 근로소득이 없는 노후에는 투자에 실패할 시 돈을 인출해야 하기 때문에 가격이 떨어진 자산을 팔아야 한다. 비유하자면, 포커를 하는데 매번 판이 돌 때마다 누군가 판돈을 주는 경우가 젊을 때의 상황이고, 매번 판이 돌 때마다 누군가에게 자릿세를 주어야 하는 게 노후의 자산 관리 상황이다. 후자의 상황에서는 조심스럽게 베팅해야 하며, 자칫 과감하게 베팅했다가는 포커판에서 빨리 손 털고 나와야 할 수도 있다.

| 구매력 리스크 |

자산인출에는 이러한 기본적인 상황의 변화뿐만 아니라 구매력, 장수, 수익률 순서라는 3가지 고전적인 리스크가 있다. 우선, 노후

에는 자산가치의 구매력을 유지하는 게 중요하다. 노후에는 근로소득이 없다 보니 생활비가 오를 때 이에 연동해서 오르는 소득이 없다. 국민연금이 물가에 연동되어 오르기는 하지만 액수가 적어서 생활비에는 많이 못 미친다. 국민연금연구원에서 시행한 '노후 준비 실태 조사'에 따르면 2005년부터 2019년까지 매년 생활비는 4퍼센트가 올랐다. 18년 후에는 생활비가 지금의 두 배가 된다는 뜻이다. 근로소득 없이 금융자산에서 나오는 금융소득으로 이를 따라갈 수 있을까? 정기예금으로는 구매력을 따라가기가 쉽지 않다.

1억 원으로 금리 3퍼센트, 10년 만기 장기채권을 샀다고 하자. 예금이라고 생각해도 된다. 물가상승률이 3퍼센트이면 10년 뒤 이 사람은 돈을 얼마나 벌까? 자산 관리의 기본이자 핵심적인 질문이다. 한 해 이자가 300만 원인데 이자소득세 15.4퍼센트가 원천징수되면 254만 원이 들어온다. 하지만 올해의 254만 원과 10년 후 254만 원의 실질가치는 다르다. 10년 뒤에 받는 254만 원의 실질가치, 즉 구매력은, 물가상승률 3퍼센트로 10년을 할인한 189만 원이다. 다음 표에서 실질이자 항목이 바로 물가로 할인한 구매력이다. 이 이자 금액을 모두 합하면 2,167만 원이 나온다. 그런데 이 사람은 10년 뒤에 채권 원금 1억 원을 상환받는다. 10년 뒤 1억 원의 가치는 7,441만 원에 불과하다. 장기채권이나 예금의 문제는 세월이 흘러도 원금가격이 고정되어 있다는 것이다. 7,441만 원에 2,167만 원을 더하면 9,608만 원이므로, 결국 −392만 원이 된다. 10년 동안 이자를 받았지만 구매력에서 −392만 원이 되는 것이다. 누가 내 돈을 가져갔을까? 이자소득세와 인플레이션세inflation tax 때문에 일어난 일이다. 인플

1억 원 장기채권의 현금 흐름(단위: 만 원)

연차(년)	명목이자	실질이자	명목원금	실질원금
1	254	247	0	0
2	254	239	0	0
4	254	226	0	0
5	254	219	0	0
6	254	213	0	0
7	254	207	0	0
8	254	201	0	0
9	254	195	0	0
10	254	189	10,000	7,441
합	2,540	2,167	10,000	7,441

"원금이 고정된 장기채권이나 예금은 구매력을 잃게 만든다."

레이션이 내 자산을 감가상각시킨 것이다. 예금으로는 자산의 감가상각을 모두 막을 수 없다. 원금이 고정되어 있지 않고 가격이 변하는 주식이나 부동산과 같은 자본을 갖고 있어야 장기적으로 구매력을 잃지 않는다.

| 장수 리스크 |

이보다 더 어려운 것이 '몇 년 치 은퇴소득을 만들어야 하는가'에 대한 문제다. 각 개인 수명의 불확실성 때문인데 이를 장수 리스크

라고 한다. 현재 생명표 기준으로 60세 남성은 75세 이전에 사망할 확률이 22퍼센트이며, 또한 91세까지 생존할 확률도 21퍼센트다.[3] 60세 친구 5명 중 1명은 75세 이전에 죽고, 5명 중 1명은 91세까지 살아 있는 것이다. 은퇴소득을 91세까지 계획했는데 75세 이전에 사망할 확률과 75세까지 계획했는데 91세까지 생존할 확률이 같다면 어느 수명에 장단을 맞추어야 할지 난감하다. 평균수명에 맞춘다고 해도 문제는 해결되지 않는다. 저수지 깊이가 평균 1미터라고 해서 안전한 것이 아닌 것과 마찬가지다. 이를 해결해주는 게 일찍 죽은 사람이 오래 사는 사람을 보조해주는 종신연금이다. 하지만 종신연금을 도대체 얼마나 가입해야 할까? 뾰족한 정답이 없다.

| 수익률 순서 리스크 |

마지막은 수익률 순서에 따라 자산소진 기간이 달라지는 운칠기삼(運七技三)의 영역이다. 투자를 통해 은퇴소득을 만드는 경우, 주식 수익률이 퇴직 직후에 좋았는지, 아니면 퇴직 후반에 좋았는지에 따라 은퇴소득의 크기와 지속 기간이 달라진다. 내가 퇴직할 때 주식시장이 몇 년 동안 좋지 않았으면 퇴직 후 전체 은퇴소득도 줄어든다.

간단한 예를 들어보자. 투자수익률이 3년 동안 +27퍼센트, +7퍼센트, -13퍼센트인 경우와 -13퍼센트, +7퍼센트, +27퍼센트인 경우가 있다. 이 두 가지 경우의 연 투자수익률은 5.7퍼센트로 같지만 수익률 순서가 다르다. 1억 원을 지금 투자하고 3년 뒤에 찾는다고 하면 수익률의 순서가 어떻든 간에 3년 뒤의 돈은 1억 1,800만 원으로 동일하다. 그런데 1억 원을 갖고 매년 2,000만 원을 인출하는 경우에는 결과가 달라진다. 위의 예처럼 초기 수익률이 +27퍼센트로 높고 뒤의 수익률이 낮으면 3년 뒤에 6,220만 원이 남는다. 한편 초기 수익률이 -13퍼센트로 낮고 뒤의 수익률이 높은 경우에는 4,560만 원만 남는다. 인출을 하면 자산이 계속 줄어들므로, 자산이 가장 많은 인출 초기에 수익률이 높은 것이 유리하다.

따라서 은퇴 초기 주식시장이 좋으면 노후를 풍요롭게 보낼 수 있다. 하지만 은퇴 초기에 2008년 글로벌 금융위기 혹은 1929년 대공황과 같은 사태를 겪는다면 노후 삶이 팍팍해진다. 그렇다고 주식시장을 전망해서 주식 비중을 조정할 수도 없고, 모두 현금으로 꽁꽁 쥐고 있을 수도 없다.

이처럼 은퇴자가 직면하는 수익률 순서 문제는 가볍게 볼 사안이 아니다. 예상 밖으로 오래 사는 장수 리스크가 노후자산 관리에서 가장 중대한 리스크라고 하지만 수익률 순서 역시 그에 못지않은 리스크다. 통상적인 환경에서는 투자수익률 순서에 따라 은퇴자금 소진 기간이 10년 이상 차이가 난다. 이는 마치 기대수명을 10년 이상 과소평가하는 것과 같다. 만일 누군가 '앞으로의 기대수명을 과소평가하는 것이 위험한지, 아니면 은퇴 첫해부터 수익률이 안 좋은 상황에 처하는 것이 위험한지' 묻는다면, 둘 다 비슷하게 위험하다고 답할 것이다.

인출 때의 이런 불확실성 때문에 국가 간에도 정해진 해법이 없다. 영국은 DC형(확정기여형) 퇴직연금을 인출할 때는 모두 종신연금으로 받게 하고 있었지만, 2015년 연금자유화를 실시하면서 개인들의 자유로운 선택에 맡겼다. 저금리가 지속되면서 안전 위주의 정책을 바꾼 것이다. 반면에 미국은 은퇴소득을 개인의 자유에 맡기지만 2014년 퇴직연금에 적격장수보험(연금 개시 연령이 80세 이상 정도로 늦게 시작되는 연금)을 도입했고 2019년 시큐어법Secure Act 제정을 계기로 퇴직연금 계좌에서 종신연금에 편입하는 걸림돌을 제거함으로써 종신연금 편입 인센티브를 높였다. 네덜란드는 인출 때 민간의 종신연금으로 모두 받도록 의무화하고 있다.

퇴직을 하게 되면 오랜 기간의 자산축적이 끝난다. 산의 정상에 오른 기분이다. 이제 할 일은 다 했고 축적한 자산에서 필요할 때 돈만 인출하면 된다고 생각할 수 있다. 유감스럽게도 전혀 그렇지 않다. 인출을 통해 은퇴소득을 만들 때부터 자산 관리는 본격적으로 시작된다. 인출이야말로 자산 관리의 진검승부라 할 수 있다. 베이비부머가 대량 퇴직하면서 인출사회가 도래하고 있다. 그 불확실성을 개인에게 모두 감당케 하지 말고 인출금융상품, 인출솔루션, 인출제도 등에서 금융회사와 당국의 역할이 필요하다.

60대 은퇴자산, 백두산 아닌 개마고원 모양으로

워런 버핏은 자산 1,160억 달러(약 150조 원)로 세계 부자 순위 5

위에 올라 있다(2022년 3월 기준). 버핏을 앞선 4명은 테슬라, 아마존, LVMH, 마이크로소프트의 창업자다. 버핏도 창업자이긴 하지만 비즈니스 모델의 결이 다르다. 그는 유망한 기업에 투자한다. 2022년 말 기준으로 애플이 포트폴리오의 38.9퍼센트를 차지하고, 코카콜라도 8.5퍼센트 보유하고 있다. 버핏이 거부가 된 것은 투자를 잘했기 때문이라는 데는 이론의 여지가 없다. 하지만 의외의 요인이 있다. 바로 장수다.

현재 버핏 자산의 95퍼센트가 60세 이후에 이루어졌다. 지금 92세이니 60세 이후에도 30년 이상 자산이 불어난 셈이다. 연 20퍼센트의 투자수익률이면 30년 후에 자산이 무려 237배가 된다. 만일 버핏이 60세에 사망했더라면 그가 날고 기는 투자의 천재일지라도 세계 거부의 반열에 끼지 못했을 것이다. 햄버거와 콜라를 즐겨 먹는 사람이 어떻게 이리 건강하게 오래 사는지, 불가사의다.

버핏이 부를 이룬 것을 보면, 장수시대의 60세는 자산 관리의 끝이 아니라 시작이다. 특히, 일반인들은 60세 전후가 자기 삶에서 자산이 가장 많을 때다. 이를 효과적으로 운용하는 게 중요하다. 눈덩이가 작을 때는 두 번 굴리나 세 번 굴리나 묻어나는 눈의 양이 크게 차이 나지 않지만, 눈덩이가 클 때는 한 번 더 굴리는 것만으로 큰 차이가 난다. 예를 통해서 확인해보자.

갑, 을, 병 모두 60세에 5억 원의 금융자산을 갖고 있다. 생활비로 매년 4,000만 원을 지출해야 한다. 갑은 10년 동안 일자리가 있어서 근로소득과 국민연금으로 생활비를 충당한다. 따라서 5억 원 눈덩이를 4퍼센트 수익률로 운용해서 불려갔다. 을은 일은 하지만 근로소득이 충분치 못해서 금융자산에서 나오는 4퍼센트 소득인 2,000만 원과 근로소득 2,000만 원으로 생활비를 마련했다. 이 경우, 자산이 더 불어나지는 않지만 원금이 줄어들지는 않는다. 병은 국민연금 이외에 다른 소득이 없어서 금융자산에서 매년 4,000만 원을 인출해서 썼다. 10년이 지난 70세에 이들의 자산은 어떻게 되어 있을까? 갑은 2억 4,000만 원이 불어나 7억 4,000만 원의 자산을 갖게 되었고, 을은 5억 원 그대로였다. 반면 병에게는 2억 원이 남았다. 60세에 출발점이 같았지만 70세에 이르러서는 차이가 벌어졌다. 70세에 갑, 을, 병은 각각 7억 4,000만 원, 5억 원, 2억 원으로 노후의 삶을 시작한다.

이 차이가 70세 이후 인생 후반을 결정짓는다. 70세를 2억 원으로 시작하는 병은 76세가 되면 이미 자산이 소진되어 노후 파산을 맞는다. 반면에 을은 평균수명 정도인 86세가 되면 자산이 소진된다. 갑은 101세가 되어서야 자산이 소진된다. 갑과 병의 자산소진 기간(혹은 노후 파산 시점)은 25년 차이가 난다. 자산 규모가 줄어든 병의 경우 70세 이후 운용수익률을 높여도 노후 파산 시점을 뒤로 늦추지 못한다. 이미 자산 규모가 너무 줄었기 때문이다. 눈덩이가 이미 작아진 상황에서 눈덩이를 몇 번 더 굴려봐야 묻어나는 눈의 양은 많지 않다.

갑과 병의 차이는 어디에서 비롯된 것일까? 갑은 근로소득으로 생활비를 충당하고 보유자산은 계속 불려 복리 효과를 극대화했다. 반면, 병은 60세까지 축적한 자산 규모가 갑과 같았지만 보유자산에서 생활비를 바로 인출함으로써 자산 규모가 일찍부터 줄어들었다.

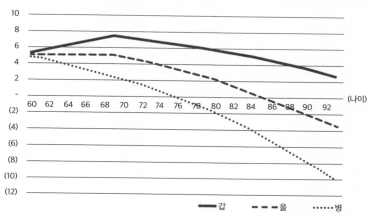

인출 크기에 따른 자산 규모 경로(단위: 억 원)

주: 5억 원의 금융자산, 매년 4,000만 원씩 인출 운용수익률 4%
운용(갑): 70세부터 인출,
유지(을): 70세까지 금융수익만 인출,
인출(병): 60세부터 인출

"자산의 복리 효과를 누리는 고원 모양의 운용이 중요하다."

복리 효과를 누리지 못한 것이다. 60세까지 차이 없는 삶을 살았을
지라도 60세 이후 자산 관리 방식에 따라 70세 이후에 격차가 확대
된다. 그때 가서는 바로잡기가 어렵고, 노후의 승부는 대충 판가름이
난다. 그런 의미에서 60세 이후 10년은 자산 관리의 골든타임이다.

버핏의 교훈은 60세 이후 30년을 어떻게 보낼지 생각해보라는 것
이다. 이 기간에 버핏은 복리 효과를 극대화시켰다. 우리도 극대화
된 자산 규모를 가급적 오래 유지하면서 자산의 복리 효과를 누려
야 한다. 자산이 백두산 모양처럼 극대화되었다가 곧바로 줄어드는

게 아니라, 개마고원처럼 그 규모가 일정 기간 높은 수준으로 유지되도록 해야 한다. 자산이 충분히 많지 않은 60대에는 근로소득을 활용하여 생활비를 일정 부분 충당해줌으로써 자산 규모가 일찍 줄어드는 것을 막아야 한다.

　장수시대에는 자산을 적립기와 인출기로 나누지 말고, 그 중간의 고원기(高原期)를 거치는 것이 좋다. 즉, '자산축적기 ➡ 자산인출기'가 아니라 '자산축적기 ➡ 고원기 ➡ 자산인출기'가 되는 것이다. 이를 위해 퇴직 후 10년 정도는 근로소득 등을 통해 자산 규모를 유지하자. 버핏처럼 60세 이후에도 복리 효과를 누리려면 우리의 노후 자산의 궤적은 산이 아닌 고원 모양이어야 한다. 60대에 이르는 60년대생들이 명심해야 할 부분이다.

▌꼭 지켜야 할 본질 가치

　노년의 대우는 극과 극이다. 죽을 때까지 존경을 받는 사람도 있고 푸대접과 멸시를 받는 사람도 있다. 근엄함과 인자함이 표현된 노년의 초상화도 있지만 아이들에게조차 놀림을 받는 그림도 있다. 노년에 자신의 가치를 가진 사람과 그렇지 못한 사람과의 차이일 것이다. 노년에 가치를 가지려면 어떻게 해야 할까?

　셰익스피어 희곡 「리어왕」의 주인공 리어왕은 나이 80이 다 되었을 때 세 딸에게 자신이 가진 것을 물려주기로 했다. 가장 효성스러운 딸에게 왕국을 물려주고, 본인은 그냥 자식들 집을 번갈아가면서 살 계획이었다. 이에 왕 앞에서 아첨한 첫째와 둘째 딸이 왕국을 물려받았고, 효성스러웠던 셋째 딸 코델리아는 한 푼도 받지 못하고 쫓겨났다. 리어왕은 시종 100명만 남기고 모든 것을 물려주었지만 첫째 딸 집에서 그 100명 중 50명마저 빼앗기고 쫓겨난다. 그뿐 아니라 둘째 딸 집에서도 쫓겨나 폭풍 속에서 방황하게 된다. 셋째 딸이 이를 되돌리려 하지만 결국 모두 죽음을 맞이한다.

프랑스 소설가 발자크의 『고리오 영감』은 딸에 대한 아버지의 지극한 사랑을 그 시대의 사회상과 함께 그린 소설이다. 이 작품을 셰익스피어의 「리어왕」을 1820년대 파리로 옮겨온 작품이라고들 말한다. 성공한 사업가 고리오는 딸들을 뒷바라지하는 데 전념한다. 번 돈을 허영심에 빠진 두 딸의 사교계 활동과 파티 비용을 지원해주면서 소원대로 두 딸을 귀족과 결혼시켜 상류사회로 내보낸다. 정작 본인은 사업을 접고 하숙집에 들어가 살게 되는데, 딸들은 아버지가 집에 찾아오지도 못하게 한다. 마지막 남은 돈마저 딸의 드레스 비용으로 지출한 고리오는 그대로 세상을 떠나는데, 딸들은 그 순간에도 곁에 없다. 고리오 영감은 옆에서 임종을 지켜준 하숙집 대학생에게 "항상 자기 값어치는 자신이 챙겨야 하네"라는 말을 남기고 세상을 떠난다.

이런 면에서, 조선 태종의 이야기를 귀담아들을 만하다. 태종은 한창이던 52세 때 갑자기 22세이던 세종에게 왕위를 양위하고 상왕으로 앉는다. 그러면서 세종이 서른 살이 될 때까지 군사와 관련한 일은 직접 챙기겠다고 신하들에게 공언한다. 태종이 왕이 되는 데 일조했던 병조참판 강상인이 군사에 관한 일을 태종을 제쳐놓고 세종에게 보고하자, 태종은 대로(大怒)하여 강상인을 관노로 보냈다가 결국 거열형으로 처형했다. 세종에게 왕위를 물려준 지 불과 보름만에 일어난 일이었다. 이후 태종은 골치 아픈 정사를 돌볼 필요 없이 권한도 누리다가 56세의 나이에 세상을 떠났다.

리어왕의 비극은 착하지 않은 상속자에게 재산을 모두 물려주었다는 데서 시작되었다. 반면 태종은 세종에게 왕위를 물려주었음에도 군사에 관한 권한은 가지고 있었다. 태종은 세종이 서른 살이 되면 군사의 권한까지 넘기겠다고 했다. 세종이 즉위할 때의 나이가 22세였던 것을 생각하면 군사에 대한 권한을 8년은 가지고 있겠다는 얘기였다. 노년의 가치는 무엇이 지배하게 될까? 리어왕과 태종의 차이는 어디에 있는가?

노후에 자신의 가치를 지키려면 노년의 가치가 무엇인지를 알아야 한다. 금융상품에는 옵션이라는 것이 있다. 옵션의 가치는 그 자산의 현재 가치와 미래성장성으로 결정된다. 현재 자산가치는 옵션의 본질가치라고 부르는데, 주식의 옵션가격에서 본질가치는 현재 주식가격을 의미한다. 내가 지금 가지고 있는 자산의 가치다. 성장성은 시간의 길이와 변동성으로 결정된다. 시간이 길수록 그리고 그 가치가 변할 가능성이 클수록, 다시 말해 싹수가 보일수록 성장가치가 높다.

9세 어린이와 70세 노인을 비교해보자. 9세 어린이는 모아둔 재산이 없기 때문에 본질가치가 거의 없다고 보면 된다. 반면에 앞으로 어떤 사람이 될지 모르고 성공할 만한 긴 시간 여유가 있으니 시간가치가 높다. 예부터 '마당에 뛰노는 어린애 무시하지 말라'라고 하는 이유가 여기에 있다. 그래서 어린이의 가치는 낮은 본질가치와 높은 시간가치를 지닌다. 반면 70세 노인은 지금 모아둔 재산은 상당하다. 본질가치가 크다. 하지만 크게 성공할 가능성이 없기에 변동성이 크지 않고, 남은 시간도 상대적으로 적으므로 시간가치는 별로 없다. 노년은 본질가치는 높은 반면, 시간가치는 낮다. 여기에 본질가치마저 없으면 아무 가치가 남아 있지 않으니 '뒷방 늙은이'라는 소리를 듣게 된다.

노년에 자기 본질가치를 잃어버리는 경우는 주로 자식과의 관계 때문이다. 성인이 된 자녀의 결혼자금이나 사업자금으로 자기 돈의 상당 부분을 쓰는 경우다. 자녀 유학자금을 마련하려고 노후에 사업을 다시 시작했다가 있는 돈마저 까먹는 사람도 있고, 일찌감치 재산을 나누어주는 경우도 있다. 어떤 사람은 기초연금을 받으려고 재산을 자식 명의로 돌렸다가 정말로 기초연금만 받고 생활하게 되기도 했다. 이렇게 노년에 본질가치를 잃어버리면 시간가치가 없는 탓에 회복이 어려워진다.

재산을 꼭 움켜쥐고 본질가치를 유지하는 태도를 돈만 아는 사람이라거나 돈과 자식을 비교하는 비인간적인 행위라고 비난해서는 안 된다. 이는 주체성이라는 관점에서 보아야 한다. 자신이 가진 본질가치를 그냥 줘버리는 것은 자기 인생을 다른 사람에게 맡기면서 주체성을 버리는 것이나 마찬가지다. 김동배(2017)[4] 교수는 노후에는 의존적이지 않은 삶을 살아야 한다고 했다. 무엇보다 재정적으로 의존하지 않고 주체성을 지니는 자세가 필요하다.

노년의 가치는 본질가치를 끝까지 보존하는 것이며, 본질가치를 보존하는 것이 자신의 주체성을 지키는 것이다. 리어왕은 이러한 본질가치를 모두 물려주었고 태종은 이를 물려주지 않고 보유했다. 그리고 이 두 사람의 길은 극과 극으로 갈렸다. 왕도 이러할진대 일반인은 오죽하겠는가. 향후 넉넉하지 않은 노후를 맞게 될 우리들은 이를 명심해야 한다. 노년의 본질가치를 훼손할 만한 일은 하지 않아야 한다. 과다한 교육비와 결혼비용 등은 노년에 그나마 가치를 유지할 수 있는 자산을 잠식하는 요소다. 유산도 이제는 불확실한 노후의 지출을 충당하고 남은 자산, 즉 잔여 개념으로 생각해야 한다. 유산을 먼저 증여하고 여생은 알아서 충당해보겠다고 생각하면 안 된다. 고리오 영감이 마지막에 말했듯이 자기 값어치는 자기가 챙겨야 한다.

은퇴승수 300, 인출률 4퍼센트

자산 관리를 할 때는 이런저런 숫자들이 나와 복잡하다. 예를 들어 은퇴를 하면 금융자산에서 금융소득을 만들어야 하는데 얼마를 인출해야 자금이 소진되지 않을지, 월 실질소득 300만 원을 30년 동안 얻으려면 자산이 얼마나 있어야 할지 계산해야 할 때 난감하다. 이때 간단하게 계산하는 방법을 익혀두면 여러모로 편하다. 사실 복잡하게 계산한다고 해서 별반 다르지 않다. 기대여명, 자산운용수익률, 물가상승률 등의 불확실성이 있어서 정치하게 계산해도 이들 지표 전망에서 틀리기 때문이다. 은퇴승수 300과 인출률 4퍼센트 두 숫자를 활용하면 좋다. 여기서는 기준을 60세에 퇴직하는 경우로 가정한다.

300은 매월 은퇴소득 100만 원을 얻으려면 자산이 얼마나 있어야 하는지를 계산하는 데 유용하다. 최초의 은퇴자산에서 실질소득 100만 원을 인출한다고 하면 명목소득은 매년 물가상승률만큼 올라간다. 물가가 3퍼센트씩 10년 올랐다고 하면 '100만 원×$(1+0.03)^{10}$'을 계산하여 10년 후에는 134만 원을 인출하는 것이다. 국민연금처럼 물가에 연동되어 소득이 올라가는 형태다. 60세부터 죽을 때까지 원하는 월 실질소득 100만 원을 얻고 싶으면 300을 그냥 곱하면 된다. 답은 3억 원이다. 자산 수익률의 불확실성을 감안할 때 90퍼센트의 확률로 노후자금이 소진되지 않는 경우를 구한 것이다. 곱하면 되니까 이를 은퇴'승수'라고 한다.

만일 500만 원의 소득이 필요한데 국민연금과 종신연금에서 200만 원을 수령한다고 가정하자. 그러면 월 300만 원을 만들어야 하는데, 여기에 필요한 자산은 300만 원에 300을 곱한 값인 9억 원이다. 너무 많은가? 주택자산이 있는 사람은 주택연금 부분을 빼고 나서 계산하면 된다. 주택연금에서 200만 원을 매월 받으면 100만 원만 필요하므로 필요한 금융자산은 100만 원 곱하기 300을 계산한 3

기대여명, 물가상승률, 운용수익률에 따른 은퇴자금 승수

노후 기간	물가상승률	보유 자금 운용수익률		
		2%	5%	8%
25년	1%	270	240	220
	2%	300	260	240
	3%	340	300	270
30년	1%	310	260	230
	2%	360	300	270
	3%	420	350	300
35년	1%	350	290	250
	2%	420	340	290
	3%	500	400	330

자료: 미래에셋은퇴연구소(2017.1.16.)
주: 투자 포트폴리오 기대수익과 표준편차는 (5%, 5.6%), (8.0%, 10.8%)이고,
5,000회의 몬테카를로 시뮬레이션 결과로 파산확률은 10%임

"은퇴승수는 필요 은퇴자산과 실질소득을 계산하는 데 유용하다."

억 원이다. 주택연금은 정액형이라 국민연금처럼 실질소득이 보장되지 않으므로 이를 감안해야 한다.

은퇴승수는 일정한 실질소득을 얻기 위해 필요한 은퇴자산을 계산할 때뿐만 아니라 지금 보유한 은퇴자산에서 얼마의 실질소득을 얻을 수 있는지를 알아볼 때도 마찬가지로 적용된다. 6억 원의 은퇴자산을 보유하고 있으면 60세부터 죽을 때까지 얻을 수 있는 실질소득은 월 200만 원(=6억 원÷300)으로 계산된다.

내가 생각하는 기대여명이나 나의 은퇴자산운용수익률, 그리고

나의 인출금액을 매년 얼마나 상승시킬 것인가(물가상승률)에 따라 은퇴승수는 달라질 수 있다. 표에 시뮬레이션 결과가 정리되어 있다.[5] 노후 기간이 25년 남았고 생활비가 3퍼센트씩 매년 오르고 나의 은퇴자산운용수익률이 5퍼센트라면, 은퇴승수는 300이 된다. 다른 조건은 같은데 노후 기간이 35년으로 10년 더 긴 경우에 은퇴승수는 400이 된다.

인출률 4퍼센트는 최초 은퇴자산에서 매년 4퍼센트를 인출하면 60세부터 죽을 때까지 자산이 소진되지 않는다는 법칙에서 나왔다. 6억 원의 자산을 갖고 있으면 최초 인출금은 (6억 원)×4%를 계산한 값인 연 2,400만 원, 월 200만 원이 된다. 이후에 매년 물가상승률만큼 인상된 금액을 인출하면 된다. 이를 처음으로 주장한 벤겐W. Bengen은 주식 50퍼센트, 채권 50퍼센트의 포트폴리오로 미국 시장에서 테스트하면 최초 4퍼센트를 인출하고 이후 물가상승률만큼 더 인출할 때 90퍼센트는 사망 시점에도 돈이 남는다고 했다. 이것이 시장에 널리 알려진 '4퍼센트 법칙'이다. 이를 영국시장에 적용하면 영국은 미국보다 자산운용수익률이 낮으므로 안전인출률이 3.1퍼센트인 것으로 나온다.[6] 3.1퍼센트는 영국의 자본시장 100년의 역사상 가장 극한적인 상황에서도 살아남을 수 있는 인출률이다. 실제로 30년 시나리오 중 80퍼센트의 경우에서 오히려 마지막 해에는 최초 자산보다 자산이 더 많이 남아 있는 결과가 나왔다. 안전인출률이 가장 최악의 상황에서도 살아남도록 안전성을 너무 높인 값이기 때문이다. 3퍼센트보다 높여도 무리가 없다는 뜻이다.

앞으로 수명이 길어지고 우리나라의 자산운용수익률이 미국에 비해 낮은 것을 감안하면, 은퇴승수 300과 인출률 4퍼센트는 더 보수적인 수치인 은퇴승수 400과 인출률 3퍼센트로 바꾸어 생각하는 것이 안정적일 수 있다. 필요한 은퇴자산은 많게(300 → 400), 자산에서 인출하는 금액은 적게(4퍼센트 → 3퍼센트) 하는 것이다. 하지만 나이가 들수록 지출을 줄이는 것이 일반적이다. 영국의 경우 가구주가 80세 이상인 가계는 50세인 가계보다 평균 43퍼센트를 덜 지출한다고 한다.[7] 국민연금 조사에서도 1인당 지출액 기준으로 우리나라 70대는 50대에 비해 46퍼센트를 덜 지출하는 것으로 나타났다. 80세 이상은 50대에 비해 무려 62퍼센트를 덜 지출한다. 그뿐만 아니라 시뮬레이션은 어떤 경우에도 90퍼센트의 확률로 노후 파산을 하지 않는다는 가정 아래 이루어지는 것이므로 많은 경우에 돈이 남는 것이 일반적이다.

따라서 은퇴 설계를 할 때는 300과 4퍼센트를 베이스로 하고 여기에 2가지 변형을 하면 된다. 첫째, 충분히 보수적으로 은퇴 설계를 하고 돈이 남으면 유산으로 주면 된다는 생각을 가진 사람들은 300과 4퍼센트보다 더 보수적으로 400과 3퍼센트를 취한다. 결국 은퇴승수 300~400, 인출률 4~3퍼센트에서 선호에 따라 적절하게 선택하면 된다. 둘째, 인출률 4퍼센트는 너무 비탄력적이고 경직적이므로 시장 상황에 따라 탄력적으로 값을 조정하는 방법도 있다.[8]

계좌는 전진 배치,
연금은 후진 배치

필자의 노모는 92세인데, 아버지가 남겨놓은 연금과 약간의 임대료가 매달 어머니의 통장으로 들어온다. 어머니는 수년 전에는 주식 투자도 가끔 하셨지만 이제는 오롯이 자동으로 통장에 입금되는 소득에 의존하신다. 이처럼 연금, 배당금, 임대료, 이자, 투자수익 등 다양한 은퇴소득의 연령에 따른 배치는 중요한 문제다. 인생 후반에는 인생 전반과 달리 근로소득이 없으므로 금융소득이나 연금소득으로 현금 흐름을 만들어두어야 한다. 그리고 80대를 넘어서면 자신이 직접 자산 관리를 하기가 쉽지 않다. 심지어 피싱 등 금융 사기의 표적이 되기도 한다. 자동으로 소득이 만들어지도록 하는 것이 좋다.

호주 정부는 2016년 바람직한 은퇴소득의 조건으로 ❶최소 보장 소득+알파(안정소득) ❷구매력 보장(장수 리스크 보장) ❸유연성(유연인출)을 들었다.[9] 유연성은 목돈이 필요할 때 중도에 인출할 수 있는 것을 말한다. 휴가, 의료비 등을 위해서다. 공적연금은 많이 받아도 목돈 유동성이 없다. 현금은 유동성은 좋지만 배당이나 수익이 없다. 따라서 3가지 조건을 만족하는 은퇴소득을 만들려면 금융상품을 잘 섞어야 한다. 크게는 투자계좌를 통해 자금을 인출하는 '계좌인출연금'과 생명보험사나 공적연금 상품인 '종신연금'을 적절히 섞는 것이다. 전자는 수익성과 유연성이 있으며, 후자는 최소의 안정적인 소득을 보장해주는 기능이 있다. 이 상품을 섞을 때 가장 중요한 원칙은 연령에 따라 계좌인출연금은 전진에 배치하고 종신연금은 후진에 배치하는 것이다.

호주 정부가 이에 관한 상세한 보고서를 내놓았는데 참고할 필요가 있다. 호주 정부는 금융시스템조사보고서Financial System Inquiry (머레이 보고서Murray Inquiry) [10] 완결판을 2014년 11월에 제출했는데, 퇴직연금과 관련한 핵심 메시지는 호주의 슈퍼애뉴에이션(퇴직연금제도)은 은퇴한 가입자들에게 '포괄적 은퇴소득상품CIPR: Comprehensive Income Product for Retirement'을 제공해야 한다는 것이었다. 한마디로 이 상품 하나로 노후에 안정적인 은퇴소득을 얻을 수 있게 하는 것이다. 머레이 보고서가 권고한 CIPR의 은퇴소득은 위에서 언급한 안정소득, 장수 리스크 보장, 유연인출의 3가지 조건을 충족해야 하며, 장수 리스크 보장 요건을 충족하기 위해서는 종신연금을 포함하고 있어야 한다.

머레이 보고서에서는 장수연금(80세 정도로 늦은 나이에 연금이 개시되는 종신연금)과 계좌인출연금을 합한 CIPR에서 장수연금의 비중을 23퍼센트, 17퍼센트, 75퍼센트로 했을 때(그 나머지 비중이 계좌인출연금이다) 은퇴소득 흐름을 시뮬레이션했다. 소득 흐름을 보면 계좌인출연금은 소득의 변동성이 크고 소득의 크기도 가장 작지만, 장수연금과 계좌인출연금을 섞으면 바람직한 은퇴소득을 얻는 것으로 나타났다. 이 보고서가 전달하고자 한 결론은 계좌인출연금 하나에 의존하는 것보다는 장수연금처럼 다양한 인출 상품을 같이 섞어야pooling 양질의 은퇴소득을 만들어낼 수 있다는 것이다.

호주 정부는 머레이 보고서의 권고안을 받아들여 'Cut'이란 포트폴리오를 추천하고 있다. Cut은 계좌인출연금과 장수연금이 결합한 형태로, 장수연금이 15~20퍼센트를 차지하고 나머지를 계좌인출연금이 차지한다.[11] 85세 이전에는 계좌인출연금에서 인출하고 85세 이후에는 장수연금에서 인출하게 된다. 대략 평균수명을 기준으로 두었다고 보면 된다. 평균수명까지는 계좌인출연금으로 준비하고 그 이후는 장수연금으로 대비하는 개념이다. 장수연금을 85세 이후에 두면 종신연금 수령액이 많아질 뿐만 아니라 혹시 오래 살 수 있는 리스크에도 충분한 대비가 된다. 무엇보다 종신연금은 월급보다 더 안정적이므로 자산 관리 능력이 저하되는 경우에도 전혀 문제가 되지 않는다. 목돈이 없으니 피싱을 당할 위험도 적다. 극단적으로 치매 리스크도 피할 수 있다.

연금과 약간의 임대료를 받고 있는 필자의 노모는 종신연금의 장

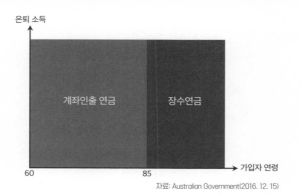

호주의 포괄적 인출 상품의 예(Cut)

은퇴 소득

계좌인출 연금　　　장수연금

60　　　　　　　　85　　가입자 연령

자료: Australian Government(2016. 12. 15)

"연령에 따른 은퇴소득 배치는 선(先)계좌, 후(後)연금이다."

점을 이렇게 묘사했다. "연금은 비가 오나 눈이 오나, 경제가 어려울 때나 아닐 때나, 일을 못 할 때나 아플 때나 어김없이 그날에 나오니 월급보다 훨씬 낫다. 연금만 한 게 없다." 이러한 종신연금을 인생 오후의 후반부에 배치하면 든든하다. 필자가 주택연금 가입을 늦은 나이에 하고 국민연금 역시 수령을 연기하는 게 좋겠다고 하는 이유가 바로 여기에 있다. 국민연금을 수령 연기하거나 주택연금을 늦은 나이에 가입하면 늦은 나이에 연금액을 더 많이 받게 된다. 곧 죽을 것이라고 판단되기 때문이다. 그런데 오래 살면? 대박이다. 연금은 혹 오래 살지 모르는 리스크(지출초과)에 대한 보험이다. 퇴직 후에는 '계좌는 전진 배치, 연금은 후진 배치'라는 대원칙하에 다른 금융상품들을 배치하면 좋다.

█ 부동산 간접투자의 활용

부동산도 중요한 자산운용 수단이다. 우리나라 개인들은 아파트를 통해 자산 증식을 이루었다. 하지만 길게 보면 우리나라 주택시장은 패러다임 변화의 초입 국면에 접어들었다. 앞으로는 개인 소득이 오랜 기간 정체되고, 금리는 더 하락하지 않거나 상승하고, 집을 사는 인구가 줄어들 것이다. 금리가 더 하락하기 어렵다 보니 유동성이라는 장작을 추가로 넣기가 어렵다. 주택 수요를 움직이는 것은 금리, 소득, 인구(가구)인데, 이 셋 모두가 과거와 다른 방향으로 움직인다. 미래의 이런 모습을 머리에 담고 있어야 한다. 60년대생은 과거 성장하면서 보았고 또 자신의 재테크를 성공으로 이끌었던 부분에 대해 관점을 달리해야 한다. 무엇보다 아파트와 상가에 집중된 투자 방식을 우량한 부동산으로 분산해야 한다.

개인 자산 관리에 있어 부동산의 2가지 약점은, 목돈이 든다는 것과 유동성이 불안정하다는 것이다. 노후자금의 상당 부분을 하나의 부동산 물건에 집중하는 건 위험한 방법이다. 그뿐만 아니라 우량하지 못한 부동산은 경기가 좋지 않을 때는 팔기가 어렵기 때문에 유동성 확보에 문제가 생길 수 있다. 일전에 강의를 가느라 급하게 나왔는데 택시가 줄을 서 있어서 바로 타고 갈 수 있었다. 그런데, 2시간 강의를 마치고 나왔을 때는 비가 내리는데 그 많던 택시가 순간 다 사라져버려서 비를 흠뻑 맞으며 택시를 잡아야 했다. 유동성이 이렇다. 부동산시장이 좋을 때는 변두리 상가도 잘 팔리지만 경기가 좋지 않을 때는 웬만큼 좋은 물건도 팔리지 않는다. 우량한 물건일수록 유동성이 좋다. 새로운 패러다임 시대에 부동산 투자는 아파트와 상가 등에 집중된 투자를 오피스, 데이터 센터, 물류 센터, 리테일 등의 우량한 부동산으로 분산하고 이들의 유동성을 높이는 방향이 되어야 한다.

부동산 간접투자가 이를 가능하게 해준다. 대표적인 것이 공모 리츠REITs다. 리츠는 부동산투자회사Real Estate Investment Trusts를 뜻한다. 여러 부동산을 묶은Pooling 투자회사가 있으면 리츠 투자자는 그 지분을 일부 소유한다. 지분을 통해 부동산에 간접적으로 투자하는 것이다.

3,000원으로 한 주를 살 수 있는 종목도 있다. 가진 돈이 적어도 우량한 물건을 분산해서 살 수 있다. 또한 리츠는 주식 종목으로 거래소에 상장되어 있기 때문에 지분을 주식처럼 사고팔 수 있다. 유동성이 좋은 것이다. 수익의 90퍼센트 이상을 의무적으로 배당해야 하므로 현금 흐름도 안정적인 편이다. 5,000만 원까지는 분리과세가 되고, 과세율도 9.9퍼센트로 낮다.

다만 다음의 2가지를 유의해서 투자할 필요가 있다. 리츠에 편입된 부동산 종목이 많지 않으므로 부동산 분산을 위해서는 여러 리츠를 편입할 필요가 있다. 리츠에 편입된 부동산 물건은 주유소를 제외하면 평균 4.4개에 불과하며(2023년 9월 기준), 2개 이하의 물건을 가진 경우가 전체 리츠의 30.4퍼센트다.[12]

리츠는 부동산에 투자하는 비즈니스 모델을 가진 회사나 마찬가지이지만 공모 주식펀드와 달리 종목 분산 요건이 적용되지 않으므로 종목 리스크가 클 수 있다. 이 점을 기억하고 잘 살펴본 다음 분산할 필요가 있다.

여기에 더해 (암묵적) 레버리지(=빌린 돈/자기 돈)에 유의해야 한다. 리츠를 사는 사람은 자신이 돈을 차입하여 투자하지 않지만 리츠가 차입하여 부동산을 사기 때문에 암묵적으로 레버리지가 된다. 리츠가 투자자로부터 2,000억 원을 모았다면 여기에 부동산을 담보로 차입한 2,000억 원을 더해서 4,000억 원의 부동산을 사기 때문이다. 레버리지 비율은 리츠마다 다르지만 거의 대부분의 리츠는 차입을 한다. 이러한 레버리지는 현금 흐름에 문제를 발생시킬 수 있다. 금리가 최저점에서 급등하는 경우에 임대 기간은 장기, 차입은 단기라

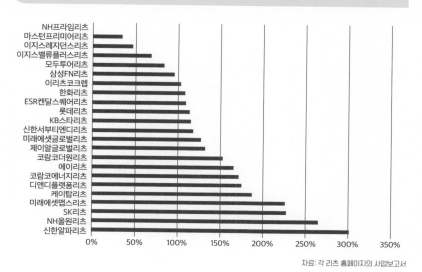

리츠의 부채 대비 총자본 비율

자료: 각 리츠 홈페이지의 사업보고서

"리츠는 레버리지가 있어 금리 변화에 민감하다."

면 '배당금-이자 지급'이 마이너스가 되므로 극단적으로는 리츠 보유자의 현금 흐름이 마이너스가 되는 사태도 발생할 수 있다. 이런 사태는 초저금리에서 임대수익률도 낮고 차입금리도 낮을 때 장기 임대 계약을 하고(임대 기간과 차입 기간의 미스매칭), 이후 금리가 급등하는 경우에 발생할 수 있다. 이 때문에 리츠는 금리에 민감하다. 장기 채권보다 더 민감하게 반응할 때가 있으므로 리츠 투자는 금리 변화에 유의해야 한다. 2023년 9월 현재 레버리지는 자기자본 대비 평균 136퍼센트이며 일률적이지 않고 다양하다. 따라서 리츠의 차입 정도와 차입금리 만기상환일 등을 살펴볼 필요가 있다.

일본이나 미국에서는 저성장 시대에 리츠와 같은 부동산 간접투자가 활성화되었다. 우리나라도 아직은 공모 리츠의 초기에 해당하지만 부동산 간접투자가 활성화되면 우리에게 친숙한 부동산을 보유하고 있는 리츠들이 나오게 될 것이다. 향후 노후 준비는 주택과 상가에 집중하여 투자하는 패러다임에서 벗어나야 한다. 부동산에 대한 지평을 넓혀야 한다. 우량하고, 유동성이 높으며, 다양하게 분산된 부동산을 가져야 한다. 리츠와 같은 부동산 간접투자가 이를 가능하게 해준다. 지금부터 차근차근 익혀서 준비해두면 좋을 듯하다.

▌주택연금과 자린고비

아파트 공화국인 우리나라에서는 사람들이 집 하나로 주거와 노후 준비라는 2마리 토끼를 잡았을 뿐만 아니라 집을 통해 부를 증식했다. 앞으로는 이 기억을 지워야 한다. 그렇다면 현재 많은 주택과 적은 현금을 보유하고 '하우스 리치 캐시 푸어house rich cash poor'에 해당하는 60년대생은 어떻게 해야 할까? 주택을 재구조화해야 한다. 주택에서 현금 흐름이 필요하고, 보유 주택의 가격이 과거처럼 많이 오르기도 어렵기에 수익률이 더 높은 자산을 선택해야 하고, 우량한 부동산 자산을 가져야 한다. 이런 측면에서, 60년대생에게는 보유 부동산을 어떻게 관리하느냐 하는 것이 중요한 이슈가 될 것이다. 노후에 주택을 잘 활용할 수 있는 방법 중 하나가 주택연금이다.

우리나라의 주택연금 활용 실태를 보면 자린고비가 떠오른다. 자린고비는 식사 때 천장에 굴비를 매달아놓고는 밥 한 술 뜨고 굴비 한 번 쳐다보는 지독한 구두쇠다. 쳐다보면서 "어이, 짜다"라는 말을 잊지 않았고, 아들이 굴비를 두 번 쳐다보면 호통을 쳤다. 딴 세상 이야기라고 생각하겠지만 바로 옆에서 벌어지고 있는 현실이다. 노후에 돈이 부족해 궁핍하게 살면서도 주택을 연금화하여 현금을 만들지 않고 마냥 쳐다보기만 하면서 사는 경우다.

주택연금은 일종의 역(逆)모기지mortgage 상품이다. 모기지는 주택담보대출을 일컫는데, 목돈을 빌리고 원금과 이자를 분할 상환하는 방식이다. 예를 들어, 3억 원을 4퍼센트로 빌리고 20년에 걸쳐 원리금을 매월 181만 원씩 상환하는 것이다. 역모기지는 이를 거꾸로 한다. 대출을 매월 조금씩 받고 나중에 목돈으로 상환한다. 3억 원 주택을 70세에 주택연금에 가입하면 매월 90만 원을 죽을 때까지 받고, 사망하면 주택을 처분한 돈으로 한꺼번에 갚게 된다. 그래서 주택연금은 소득이 아니라 현금 흐름을 창출한다.

다만, 역모기지는 죽을 때를 모르기 때문에 대출 기간을 확정할 수가 없다. 20년이 될지 40년이 될지 모른다. 그 불확실성에 대해 역모기지 제공자(주택금융공사)는 가입자에게서 보증료(보험료)를 받는다. 그러니, 주택연금은 '대출금+이자+보험료'가 부채가 된다. 가입자는 보증료와 이자를 현금으로 당장 지불하지 않고 부채로 계상해두었다가 죽을 때 모두 갚는다. 부채는 시간이 지날수록 이자에 이자가 붙는 역복리 효과에 따라 복리로 늘어난다. 주택연금에 너무 일찍 가입할 때 감안해야 하는 부분이다.

주택연금의 중요한 특징 둘을 꼽으라면 현금 흐름을 창출하고 자산의 배분을 바꾸어주는 역할이다. 6억 원 주택을 70세에 종신정액 지급형 주택연금에 가입하면 매월 180만 원(2023년 10월 기준)을 죽을 때까지 받는다. 주택가격이 급락해도 연금액은 평생 변화가 없으니 고정된 현금 흐름이 창출된다. 이는 매월 180만 원의 이자를 주는 만기 없는 채권을 갖고 있는 거나 마찬가지다. 주택을 팔고 이 돈으로 채권을 사지 않더라도 주택연금은 소유권을 갖고 있으면서 실질적으로 자산을 교환하는 효과를 준다. 주택을 국채로 바꾸는 셈이다. 향후 부동산 가격이 양극화되는 상황에서 소외된 지역의 주택 한 채가 재산의 대부분인 사람은 생각해볼 만한 특징이다.

주택을 채권으로 바꾸는 자산교환 효과는 노후 소득이 있는 사람도 자산을 재배분하는 데 활용할 수 있다. 부동산이나 주택의 비중이 너무 높은 사람이 주택연금에 가입하면 부동산의 비중을 줄이고 채권의 비중을 늘려주는 셈이 되기 때문이다. 주택연금 가입 기준이 공시가격 9억 원 이하 주택에서 12억 원으로 상향되었다. 이렇게 되면 다주택자도 합산한 공시가격이 12억 원 이하이면 그중 거주하는 한 채를 가입할 수 있게 된다. 한 채는 살면서 주택연금을 받고 다른 한 채는 임대를 주면, 현금 흐름이 개선될 뿐만 아니라 부동산 가격 변동에도 덜 노출된다. 현금 흐름을 창출하고 자산 배분을 바꾸는 일석이조 효과가 발생한다.

그뿐 아니다. 질병 치료나 심신 요양으로 병원이나 요양소(시설)에

입원하는 경우 혹은 자녀의 봉양으로 본인의 주택을 떠나는 경우, 부부 모두 1년 이상 담보주택에 거주하지 않아도 주택연금을 계속 이용할 수 있다. 따라서 주택연금을 받고 있다가 요양원이나 자녀의 집으로 옮기고 기존 주택에서 월 임대료를 받아 지출금액으로 충당하면 된다. 이럴 경우 주택연금과 월 임대료 둘을 받을 수 있다.

주택연금의 비경제적 효과는 노후에 삶을 보는 관점을 바꾼다는 것이다. 주택금융공사의 주택연금 수기는 넉넉지 않은 사람들이 평생 돈을 모아 산 집을 노후에 주택연금에 가입하여 현금 흐름을 얻는 이야기다. 인상 깊었던 것은 주택연금에 가입해서 현금이 좀 생기다 보니 손주에게 용돈을 주고 어려운 곳에 조금이나마 기부도 할 수 있게 되었다는 내용이었다. 모임에도 적극적으로 참여할 수 있게 되었다고 했다. 주택연금이 노후에 자린고비처럼 항상 쫓기며 살던 삶을 남을 도우며 여유를 찾는 삶으로 바꾸어준 것이다.

우리나라는 국가가 주택금융공사를 통해 주택연금을 취급하고 있다. 현금은 없고 집 하나 달랑 있는 '하우스 리치 캐시 푸어' 가계의 노후 현실을 개선하기 위해서다. 우리나라 노후 소득 빈곤율은 OECD 국가 중에서 압도적인 1위를 달린다. 이런 상황에서도 우리는 노후 현금 흐름을 만드는 주택연금을 아직 적극적으로 활용하고 있지 않다.

2023년 현재 주택연금 가입 가구는 11만이고 이들은 월평균 116만 원을 받는다. 가입 주택의 평균가격이 3억 7,000만 원인 것을 감안하면 괜찮은 현금 흐름이다.[13] 기초연금은 부부 기준 월 최대 51만 원이고, 국민연금 월평균 수령액은 61만 원으로 주택연금에서 받는 월평균 116만 원보다 적다. 그럼에도 가입률은 낮다. 60세 이상에서 주택을 소유한 가구의 2.4퍼센트 정도가 가입했을 따름이다. 그러다 보니, 주택연금 지급액은 가구 전체로 보면 월 1,276억 원, 연 1조 5,300억 원 정도다. 단순 계산으로, 가입률이 5퍼센트 정도로 올라가면 매년 3조 원이 넘는 소비 지출 효과를 볼 수 있다. 주택을 보유하고 있다가 죽을 때 자녀에게 상속하면 그 기간 동안 소비가 단절되는 데 반해, 주택연금은 당대의 지출을 늘려 소비 단절을 완화한다.

우리나라는 연금제도가 늦게 정비되다 보니 노후 소득이 선진국에 비해 부족하다. 노후에 먹을 반찬이 별로 없다는 얘기다. 설상가상 장수로 인해 먹어야 하는 끼니는 늘어나고 있다. 그래서 다들 허리띠를 졸라맨다. 그나마 있는 굴비 반찬이 바로 주택이다. 자린고비처럼 주택을 바라보고만 있을 게 아니라 주택연금을 통해 현금 흐름을 마련하는 수단으로 쓰는 게 좋다. 이는 사회적으로는 잠겨 있는 고령자의 자산을 활용하는 방안도 된다.

지속가능한
노후 생활을
위하여

인생 오후에는 돈이 중요하다. 하지만 돈은 인생 오후의 삶을 지탱하는
하나의 날개일 따름이다. 날개 하나가 더 필요하다. 정서적인 부분이다.
괴테는 '천국에 혼자 있는 것보다 지독한 형벌은 없다'라고 했는데
다 갖추어져 있어도 무인도처럼 갇혀 있는 삶은 지속가능할 수가 없다.
노후에 우울증을 앓는 사람이 많은 이유이기도 하다. 지속가능한 노후
생활을 위해서는 돈이라는 경제적인 준비뿐 아니라 역할, 의미, 관계와
같은 정서적인 준비도 중요하다. 이 둘이 갖추어졌을 때야 비로소
두 날개로 안정감 있게 날 수 있다. 1에서 0으로 디지털적으로
급변하는 노후의 삶에 대비하여 갖추어야 하는 '정서적 날개'가
무엇인지 알아본다.

「6장

인생 오후,
1에서 0으로 변하다

홈스와 라헤Holmes-Rahe가 만든 스트레스 지수를 보면, 상위 10위권에 있는 항목이 배우자 사망, 이혼, 별거, 수감, 가까운 친척의 죽음, 해고, 별거, 은퇴 등이다. 이들의 공통점이 무엇일까? '있다가 없어지는 것'이다. 1과 0의 디지털적인 변화다. 인생 오후가 그렇다. 자녀가 같이 있다가 출가하고, 부모님이 계시다가 안 계시고, 직장이 있다가 없어지고, 월급이 꼬박꼬박 들어오다가 뚝 끊기고, 배우자가 곁에 있다가 없게 된다. 인생 오전은 결혼을 해서 배우자가 생기고 자녀가 생기고 집이 생기고 돈이 생기는 등 0에서 1로의 변화이고, 인생 오후는 정반대. 무엇보다 가치, 역할, 관계망 이 셋이 사라진다.

인생 오후에는 사회가 보는 나의 가치가 갑자기 없어진다. 정년퇴직을 하더라도 내가 생각하는 나의 가치는 그대로다. 몸도 건강하고 전문성도 최고점에 와 있다. 하지만 사회는 그렇게 생각하지 않는다.

60세를 넘기면 받아주는 곳이 없고 일을 한다고 해도 소득이 절반으로 떨어진다. 하는 일도 단순한 일이 맡겨진다. 사회가 보는 나의 가치가 급락하면서 내가 생각하는 나의 가치 사이에 큰 낙차(落差)가 생긴다.

더불어, 나에게 주어진 역할이 사라진다. 인생 오전에는 가정에서 부모와 자식으로서의 역할을 갖고 있고 직장에서 부장, 팀장 등의 역할을 한다. 숱한 사회적 역할을 수행한다. 하지만 인생 오후에는 이런 역할이 사라진다. 과중하게 떠맡던 역할이 사라지면 처음에는 홀가분하지만 시간이 흐르면서 점차 배역 없는 배우의 공허함을 느끼게 된다. 여성들은 자녀가 기숙사로 가거나 하면 '빈 둥지 증후군'에 빠진다. 역할의 부재는 심지어 자신을 사회에서 아무짝에도 필요 없는 존재라고 여기게 만든다. 주연을 맡던 사람들이 배역이 없어지면 거의 아노미 상태에 빠지는 것과 같다.

설상가상으로 나를 보호해주고 위로해주던 관계망이 사라진다. 부부, 가족, 친구, 사회의 관계망은 인생 오전에는 귀찮을 정도로 확대되지만 인생 오후에 접어들면 급격하게 축소된다. 사회적 관계망은 퇴직하고 나면 아침 햇살에 이슬 사라지듯 없어지고 만다. 가족 관계망도 부부만 남는다. 관계망은 아름드리 참나무와 같다. 햇볕, 바람, 비를 넉넉히 막아준다. 하지만 인생 오후가 되면 관계망이 급속하게 축소되면서 커다란 참나무가 이제 내 몸 하나 피하기도 어려운 작은 참나무가 되어버린다.

이처럼, 인생 오후에는 사회에서 생각하는 나의 가치가 일순간에 사라지고, 역할과 책임이 사라지면서 아노미 상태에 빠진다. 그리고 나를 보호해주고 안식처를 주던 관계망마저 협소하게 줄어들어간다. 변화가 워낙 급하게 일어나 디지털 변화에 가깝다. 변화가 큰 만큼 받는 스트레스도 크다. 어떻게 대응해야 할까? 페르소나persona를 바꾸고 나의 가치를 부단히 지키기 위해 아레테를 실현하고 관계망을 유지해야 한다.

페르소나는 그리스시대 연극에서 쓰던 가면을 말한다. 당시에는 웃을 때는 웃는 가면, 슬플 때는 우는 가면을 쓰면서 연극을 했다. 우리는 인생 오전에 쓰고 있던 부장과 상무 직함의 페르소나를 오후까지 쓰고 있다. 심지어 인생 오전에 가장 잘나가던 때의 페르소나를 쓰고 다니기도 한다. 퇴직한 사람들이 모이면 상무님, 부장님, 국장님, 사장님 등의 명칭이 난무한다. 이러니 인생 오후의 큰 낙차에 적응하지 못하고 현기증을 느낀다. 신입 직원보다 적은 소득을 보고 '내가 왕년에 누구였는데'라는 생각에 사로잡히기 일쑤다. 직장 상사로서의 페르소나와 가정에서 아빠로서의 페르소나가 다르듯이, 인생 오전과 오후에 쓰는 페르소나도 다르다. 정신 건강이 좋은 사람은 페르소나 하나를 평생 고집하는 게 아니라 때에 맞게 잘 바꾸는 사람이라고 한다.

나의 아레테를 깊게 해야 한다. 아레테는 자신만이 가진 힘, 강점을 말한다. 이것저것 다양하게 할 게 아니라 자신 있는 하나를 계속 깊게 파야 한다. 인생 오후에 나의 가치를 사회에서 제대로 인정받기 위해서는 나의 전문성을 깊게 해서 독보적uniqueness이 되어야 한다. 괴테는 거작 『파우스트』를 23세에 시작해서 죽기 1년 전인 82세에 완성했다. 괴테는 친구에게 보내는 편지에서 내 안의 힘, 내 안에

끈질기게 있는 힘을 가장 좋은 방향으로 활용하는 것이 중요하다는 말을 했다. 내 안에 있는 그 힘이 아레테다.

마지막으로, 축소되는 관계망을 잘 유지해야 한다. 여기에는 부부, 가족, 친구, 사회의 4가지 관계망이 있다. 부부는 노후의 베이스캠프 같은 곳이다. 자녀 역시 잘 독립시켜야 한다. 친구는 좋은 관계망이므로 직장 다니느라 소원했던 관계를 솔선수범하여 복구하면 좋다. 사회 관계망에 있어 우리나라가 선진국에 비해 가장 부족한 부분이 사회공헌 활동이다. 관계망은 정서적인 공간이다. 괴테는 가장 큰 형벌은 친구가 없는 천국이라고 했다. 다른 조건들이 갖추어졌더라도 관계망이 없는 노후는 이와 다름없다. 혼자서도 잘 지낼 수 있는 고독력을 가지라고 하지만 이는 도를 통한 사람 얘기다. 인간은 사회적 동물이라 보통 사람들은 관계망이 풍성해야 한다. 인생 오후의 디지털적인 변화에 대응하려면 관계망이 필요하다.

삶은 디지털적이다. 영국 시인 바이런도 "어느 날 아침 유명해져 있었다"라고 하지 않았는가. 인생 오후에 더욱 그럴 수 있다. 페르소나를 잘 바꾸고 나의 아레테를 발현하는 것, 그리고 풍성한 관계망을 새로이 만들어가는 것, 즉 페르소나, 아레테, 관계망 이 셋이 인생 오후의 디지털적 변화에 대응할 수 있는 세 무기가 아닌가 생각해본다. 1에서 0으로 변화하는 인생 오후에는 재무 설계뿐만 아니라 정서적 대비가 꼭 필요하다.

은퇴 부부에게 필요한 3공

"개구리 한 마리 오래된 연못에 뛰어드네. 퐁당!"[1]

일본의 바쇼가 지은 유명한 하이쿠(俳句)다. 하이쿠는 운문 문학 중 길이가 가장 짧은 장르에 속하는데 17자로 이루어져 있다. 직장을 마치면 적막한 가운데 변화들이 소용돌이친다. 오랜 직장 생활을 마치고 휴식기를 갖는 사람들은 집으로 돌아간다. 당사자 입장에서는 별일 아닌 것 같지만 가정이라는 단위에서 보면 고요한 연못에 '퐁당' 하고 파장을 일으키는 사건이다. 무라카미 류가 쓴 『55세부터 헬로라이프』에서 이 파장의 구체적인 사례를 볼 수 있다. 한 명은 바로 아내로부터 이혼을 당하고, 다른 한 명은 캠핑카를 사서 아내와 여행하려던 꿈을 접고 재취업 전선에 뛰어든다.[2]

베이비부머는 대개 남성이 밖에서 일하고 아내는 가사를 돌보다 보니 반평생 서로의 공간이 분리되어 있다. 직장을 마치고 집에 돌아가더라도 자녀가 중심이어서 부부간의 문제는 부차적인 것이 된다. 갈등이 있어도 표면화되지 않는다. 그런데 남성이 퇴직할 즈음이면 상황이 180도 변한다. 남성이 밖에서 일하는 시간이 급속히 줄고 집에 있는 시간이 그만큼 늘어난다. 설상가상 자녀들이 분가한 집에는 부부만 덩그러니 남게 된다. 당혹스러운 장면이다.

이런 변화에서 은퇴 부부의 충돌이 일어난다. 그렇다고 매번 부부 중 한 명이 밖으로 나갈 수도 없다. 자녀들이 없으니 이제 둘만의 꿈같은 시간을 갖자는 것도 무리다. 이처럼, 은퇴라는 변화에 더하여 가정구조가 자녀 중심에서 부부 중심으로 바뀔 때 은퇴 부부는 위기를 맞게 된다. 위기를 돌파할 3가지 방책을 알아본다.

첫째, 공간(空間)이 필요하다. 같은 집에 살면서 사사건건 다투던 엄마와 자녀도 분가해서 살면 사이가 좋아진다. 같이 사는 며느리보다 한 번씩 와서 용돈 좀 주는 며느리가 예뻐 보이는 이치다. 국가도 인접해 있으면 사이가 나쁘고 떨어져 있으면 좋다. 집에도 대문과 안채 사이에는 공간을 둔다. 대문을 열고 바로 안채가 있으면 방문하는 사람이나 집에 있는 사람이나 얼마나 당황스럽겠는가? 두 사람이 대화를 나눌 때도 적절한 거리가 필요하다. 이야기를 나누다 한 걸음 다가가면 상대방이 반사적으로 물러나는 것도 공간이 있기 때문이다.

부부도 각자의 공간이 필요하다. 무엇보다, 집에 같이 오래 있는 시간을 줄일 필요가 있다. 은퇴 후에 남편은 아내와 더 많은 시간을 갖고 싶어 하지만 아내는 남편과의 시간을 줄이고 싶어 한다는 점을 유념해야 한다. 괜히 일본에서 '가장 인기 있는 남편은 집에 없는 남편'이라는 말이 나온 게 아니다. 남성들은 여기에 대해 강하게 항변하지만 원리가 그렇지 않다. 여성들은 이미 집과 그 주변의 삶을 살아왔기에 생활 패턴이 잘 짜여 있고 안정적이다. 반면 남성은 생활공간이 집으로 옮겨오면 무엇을 해야 할지 난감하게 되어 여성의 잘 짜여진 생활 패턴을 따르려 한다. 남성이 독립적인 행동 반경을 만들어야 하는 이유다.

물리적 공간만이 아니다. 은퇴하고 돌아와 집안 살림이나 구조를 새로 정비해보겠다는 등의 생각으로 아내의 삶의 공간을 침범해서는 안 된다. 어떤 사람은 가계부를 가져오면 엑셀로 깔끔하게 정리해서 지출과 수입 내역을 잘 관리하게 해주겠다고 한다. 집안 곳곳을 다 치우는 남성도 있다. 마치 감사(監査)를 받는 느낌이어서 좋지 않다. 관심도 적절히 거리를 두어야 한다. 은퇴한 남편이 지켜야 할 원칙 중에 '아내가 나가면 어디 가는지, 어디에 있는지 묻지 않는다'라는 게 있다. 부부일심동체를 잘못 해석해서 사생활마저 없을 정도로 관심 영역을 공유하고자 하는 생각은 특히 조심해야 할 부분이다.

둘째, 공감(共感)이 필요하다. 공감은 영어로 'compassion'이다. 깊은 슬픔passion을 같이한다com는 뜻이다. 부부는 평생을 살아오면서 각자가 가지게 된 깊은 슬픔을 이해하고 나누어야 한다. 남성은 밖에서 일하고 여성은 가사일을 하는 소위 '노동의 안팎 분업'에서 이런 슬픔이 나타난다.

남성은 밖에서 일하는 자신이 가족을 위해 희생하고 그 희생 위에 가족의 우아한 삶이 있다고 생각한다. 영화 「우아한 세계」에 나타나 있는 남성 주인공(송강호 분)의 관점이다. 반면 여성은 집에서 애들과 함께 평생 씨름하면서 자신의 삶을 희생하는 동안 남성은 밖에서 우아한 삶을 살았다고 생각한다. 남성와 여성의 관점이 이처럼 다를 수 있다.

이 슬픔의 격차를 이해하지 못하면 말 한마디가 섶에 던져진 불씨가 된다. '평생 일했으니 이제 집에서 아내가 해주는 세끼 밥 먹고 좀 편하게 지내보자'는 말은 말아야 한다. 아내도 자식 다 키우고 집안일에서 해방되어 쉬고 싶다. 남성의 바깥일도 어렵기는 마찬가지다. 남성과 여성은 서로의 깊은 슬픔을 이해하고 보듬어야 한다. 단가(短歌) 시인 손호연의 "지나온 길 뒤돌아보면 속 깊은 그대의 상처에 내 손이 닿질 못했네"라는 구절이 와닿는다. '속 깊은 그대의 상처'가 바로 남성와 여성의 깊은 슬픔이다. 나의 권리를 주장하기에 앞서 배우자의 속 깊은 상처가 무엇인지 생각해야 한다.

마지막으로, 공분(共分)이 필요하다. 같이 집안일을 나눈다는 뜻이다. 공분(公憤)으로 오해하기 쉬우니 한자를 잘 새겨봐야 한다. 은퇴 전에는 밖의 일과 안의 일을 나누어 했지만 은퇴 후에는 밖의 일이 없어지고 안의 일만 남는다. 안의 일도 자녀 양육에 대한 부분은 없어지고 집안 관련된 일만 남는다. 일이 줄었으니 혼자 해도 되겠다고 생각하면 오판이다. 사람도 나이가 들면 점점 힘들어진다. 가사일을 분담해야 한다.

젊은 2030세대는 집안일을 공평하게 분담해야 한다는 인식을 갖고 있지만 베이비부머는 여전히 아내가 집안일을 담당해야 한다는 생각에서 벗어나지 못한다. 어지럽히는 사람, 치우는 사람 따로 있지 않다. 쉬는 틈에 짬짬이 공부하고 요리사 자격증을 따서 아내에게 점수를 딴 친구가 있다. 관점 하나 바꾸면 세상이 달라진다.

조선시대에는 나라의 중요한 일을 돌보는 영의정, 좌의정, 우의정의 삼의정(三議政)을 삼공(三公)이라 불렀다. 은퇴 부부도 가정에 공간, 공감, 공분의 3공을 두고 관리하면 위기를 잘 헤쳐 나갈 수 있으리라 생각해본다. 그러면 퇴직 후 가정으로 복귀하면서 일어나는 '퐁당'도 일파만파 퍼지지 않고 곧 잦아들어 평화로운 연못이 될 것이다. 부부의 관계망을 탄탄하게 지키는 방법이다.

남편과 아내의
깊은 슬픔

　은퇴 부부의 3공을 이야기하면 격렬한 반응들이 나오기도 한다. 여성들은 좋아했지만 남성들에게서는 납득하기 어렵다는 반응이 꽤 나왔다. '애 키우는 데 나도 50퍼센트는 공헌했다', '밖에 나가 일하는 어려움을 모르는구먼, 얼마나 힘든데'와 같은 항변이었다. 각각 처한 상황에 따라 다르게 느끼는 것은 당연하다. 다만 보편적으로 깔려 있는 남편과 아내 사이의 오해를 말하고자 했다. '은퇴 부부에게 필요한 3공'을 쓰고도 깊은 슬픔에 대해 덧붙이는 것은 이해를 가로막는 벽이 너무 높기 때문이다. 영화를 통해 알아보자.

　남성의 깊은 슬픔에 대한 것으로 영화 「우아한 세계」를 들 수 있다. 남성에게는 돈을 버는 가장으로서의 세계가 있다. 여성들이 보자면 뭔 폼을 잡느냐고 할 수 있지만, 남성만이 느낄 수 있는 세계가 있다는 것은 틀림이 없다. 더운 여름 양복 차림에 넥타이까지 매고, 해진 서류 가방과 사은품을 챙겨 땀을 흘리며 걸어가는 영업맨을 보노라면 남의 일 같지 않게 가슴이 찡해진다. 「어느 세일즈맨의 죽음」이 생각난다.

　영화 「우아한 세계」는 이러한 남성의 세계를 기가 막히게 그리고 있다. 강인구(송강호 분)는 조폭 조직 들개파의 넘버3다. 회장이 넘버1, 회장의 친동생이 넘버2. 고생은 자기가 다 하지만 회사구조상 절대 더 올라갈 수 없다. 그래서 인구의 친구이자 경쟁 조폭 집단 자갈치파의 현수(오갑수 분)는 자신의 조직으로 인구를 스카우트하려 한다.

하지만 인구는 자기가 어려울 때 도와줬던 회장을 버릴 수가 없다. 무엇보다 인구가 가장 서러운 것은 생계를 위해 조폭 생활을 하는 것인데도 가족들이 자기를 몹시 부끄러워한다는 점이었다. 치열한 삶의 현장에서 맞고 깨지고 칼 맞고 들어오는 남편을 아내는 대놓고 깡패라고 한다. 첫째 아들은 캐나다에 유학 가 있으니 불평도 없지만, 같이 사는 딸은 일기장에 아빠가 칼침 맞아 죽어버렸으면 좋겠다고 써놓는다. 아내에게 어떤 구박을 들어도 씩씩하던 인구가 그 일기장을 보고는 깊은 충격과 슬픔을 받는다.

인구가 아내의 간청으로 조폭을 그만두자 캐나다에 유학 갔던 아들이 돈이 없어 한국으로 돌아오게 생겼다. 이 말들 듣고 인구는 자갈치파로 들어가서 다시 조폭 생활을 시작한다. 돈을 좀 벌게 되자 아내와 딸은 조폭 남편과 아빠가 부끄럽고 교육에 좋지 못하다며 모두 캐나다의 아들에게로 가버리고 인구는 혼자 남는다. 인구는 사람을 협박하고, 때리고, 강제로 지장을 찍게 하는 등 여전히 조폭 생활을 한다. 조폭과 기러기 아빠 생활을 열심히 하다 보니 당뇨병까지 걸리게 된다. 어느 날, 여전히 피곤한 직장 생활을 마치고 들어오니 캐나다에서 비디오가 하나 와 있다. 인구는 들뜬 마음으로 라면을 끓여 먹으면서 비디오를 본다.

캐나다에 간 가족들의 '우아한' 삶의 모습이었다. 좋은 집에 살면서 가끔 야외로 피크닉을 가고, 해변에 놀러 가고, 집 정원에서 장난치고 노는 모습… 행복하고 우아하다. 이를 흐뭇하게 바라보던 인구는 갑자기 웃음을 멈추고, 흐느끼기 시작한다. 그리고 먹던 라면 밥상을 발로 걷어차버린다. 혼잣말로 욕을 하며 울던 인구는 걸레로

쏟아진 라면을 닦는다. 비디오 속의 우아한 세계가 인구의 모습과 오버랩된다. 라면을 엎어버릴 때 인구는 '난 당뇨병에 걸릴 정도로 일을 하는데 너희들은 그 우아한 세계에서 잘 놀고 있구나!'라고 생각했을까. 가족의 우아한 세계를 위해 몸 바쳐 일하지만 정작 가족에게 인정받지 못하고 심지어 다른 가장과 비교되어 비난을 받거나 눈치를 봐야 하는 남성의 삶을 보여주는 영화다.

영화 『대부』 시리즈는 남성들의 굵은 선을 그리고 있지만 그 안의 가냘픈 슬픔을 보여준다. 아마 남성들이 이 영화에 열광하는 이유가 자기도 모르게 그 슬픔을 어루만져주기 때문일 거라고 생각된다. 마피아 두목이자 아버지인 돈 코를레오네의 뒤를 막내아들 마이클(알 파치노 분)이 잇는다. 본인은 원치 않았지만, 큰형이 죽자 패밀리를 위해 부득이 선택한 길이었다. 자리에 오른 뒤에는 패밀리를 위해 잔인한 복수를 단행하며, 심지어 배신한 바로 위 형을 죽이기까지 한다. 마이클은 오직 가족을 위해 이런 일을 한다고 생각하지만 결과는 참담하다. 이탈리아로 피신했을 때 결혼한 여성은 마이클을 암살하려고 폭탄을 설치한 차에 탔다가 그 대신 죽는다. 그 뒤 새로 결혼한 아내는 끝내 마이클을 이해하지 못하고 떠난다. 아들은 마이클의 뒤를 잇지 않고 가수의 길을 택하고, 목숨처럼 사랑했던 딸은 자신을 겨냥한 적의 빗나간 총알에 맞아 숨진다. 그리고 자신은 노년에 의자에 앉은 채 앞으로 고꾸라져 쓸쓸히 죽음을 맞이한다. 「대부 3」에서 마이클은 두 번 절규하듯이 운다. 신부에게 형까지 죽인 자신의 죄를 고백할 때와 딸이 총탄에 쓰러졌을 때다.

『대부』 시리즈는 마이클이 한 일이 무엇이고 그에게 남은 것은 무엇인가라는 질문과 함께, 누구도 이해하지 못하는 마이클의 '깊은 슬픔'을 보여준다. 남성들은 이 영화를 보고 나면 코끝이 찡해진다. 사회에서 총격전을 벌이는 가운데 가족과 멀어지는 처지가 오버랩된다. 돈 버는 기계처럼 살다가 퇴직하여 가정으로 돌아오면 아무도 원치 않는 사람이 되어버린다. 카프카의 소설 『변신』에 나오는, 갑충으로 변해버린 '그레고르 잠자'가 된다. 『변신』은 보험 일을 하며 부모님과 여동생을 먹여 살리려 발버둥 치던 주인공이 갑충으로 변하자 가족 모두가 그를 외면하는 가운데 혼자 쓸쓸히 죽어가는 이야기다. 『변신』에서는 갑충으로 변한 그레고르 잠자의 깊은 슬픔을 볼 수 있다.

그런데 이 남성의 세계를 아내나 자식들이 이해할까? 여성은 남성의 그런 세계를 어떻게 볼까? 물론 고생한다는 생각도 하겠지만 오히려 나는 애 키우고 밥하고 폼 안 나는 일만 평생 했는데 자기들은 밖에서 술 마시고 골프 치고 온갖 우아한 세계에서 살았다고 생각할 것이다. 애가 크게 아플 때나 말 안 듣고 빗나갈 때의 고통을 겪어야 하는 것이 여성의 세계다. 아이러니하게도 우아한 세계가 완전히 뒤바뀌는 셈이다. 송강호가 보는 '우아한 세계'를 여성은 이해하지 못한다. 비극은 여기서 시작된다. 남성은 자신이 힘든 일을 하는 대신 가족이 우아한 세계에 산다고 생각하는 반면, 여성은 자신이 궂은일을 하고 가족 뒤치다꺼리를 하는 중에 남성은 바깥의 우아한 세계에서 산다고 생각한다.

여성의 세계에는 아무리 힘들다 해도 인연을 끊을 수 없는 자녀가 있다. 남성은 직장이 싫으면 극단적인 경우에 그만두고 다른 직장을 찾아볼 수 있다. 하지만 여성은 자녀가 애를 먹인다고 해서 자녀를 바꿀 수 없다. 영화 「마더」에서 김혜자는 아들이 살인을 했음에도 이를 숨기기 위해 목격자 영감을 죽이기까지 한다. 자녀와 엄마의 관계는 이처럼 어떤 일이 일어나도 끊을 수 없다. 자녀는 엄마의 실존이다. 남성의 바깥일과 질적으로 비교나 될까?

2019년 2월에 개봉된 영화 「더 와이프」는 2003년에 나온 메그 월리처의 동명 소설을 영화화한 것이다. 이 영화에서 남성은 모두 '찌질이'로 나온다. 반면 여주인공은 능력과 감성을 겸비하고 찌질한 남성을 포용하는 존재로 나온다. 노벨상을 받은 남편은 사회적 명성과는 전혀 달리 무능력과 찌질함의 대명사다. 글은 형편없이 쓰면서 입만 살아 있고, 노벨문학상을 받은 것도 아내가 하루 8시간씩 글을 썼기 때문이었다. 「더 와이프」는 여성이 모든 것을 참고 포용하면서 침묵하는, 일종의 여성만이 간직하는 페이소스^{pathos}를 보여준다. 포용하고 수용하며 많은 것을 낳고 길러냈음에도 그 공은 자기 것이 아니라는 데서 오는 깊은 슬픔이다. 이 슬픔은 화병과 우울증으로 연결된다. 하지만 남성은 이 영화를 이해하기 쉽지 않다. 남성의 입장에서 여성의 깊은 슬픔을 이해하기 어렵다면 영화 「마더」나 「더 와이프」를 한번 보자.

송강호의 우아한 세계는 남성의 관점이다. 여성의 관점에서 우아한 세계는 그 반대다. 마치 양극과 음극처럼 분리되어 있는 각자의 깊은 슬픔이 있다. 둘은 이 슬픔을 서로 이해하지 못한다. 사람을 이해하는 데 있어 손톱만 한 간극은 우주만큼 넓을 수 있다. 하지만 공감은 필요하다. 나의 슬픔만이 전부가 아니라는 생각으로 자기를 낮추고 상대방의 슬픔도 같이 바라보는 관점이 필요할 것이다. '은퇴 부부에게 필요한 3공' 중 '공감'은 이런 깊은 배경을 갖고 있다.

부부
버킷리스트

영화 「버킷리스트」는 병원에서 사형선고를 받은 백만장자(잭 니컬슨 분)와 정비사(모건 프리먼 분)가 지금까지 일만 하며 살아온 자신에게 마지막으로 주는 선물 목록을 작성하고 이를 하나씩 실행하는 내용 이다. 목록에는 장엄한 광경 보기, 낯선 사람 도와주기, 눈물 날 때 까지 웃기, 무스탕으로 카레이싱하기, 미녀와 키스하기, 문신 새기기, 스카이다이빙에 도전하기, 로마·홍콩·타지마할·피라미드 보기, 오토 바이로 만리장성 달리기, 아프리카에서 호랑이 사냥하기 등 10가지 항목이 정리되어 있다.

버킷리스트는 '죽기 전에 해야 할 일'을 뜻한다. 서부 영화에는 사 람을 손을 묶은 채로 말에 앉히고는 목에 올가미를 걸어서 높고 큰 나뭇가지에 매어놓는 장면이 나온다. 말 엉덩이를 한 번 걷어차면 그 사람은 교수형에 처해진다. 마찬가지로 사람을 양동이^{bucket} 위에 세우고 목에 올가미를 건 다음 양동이를 차버리면^{kick} 역시 교수형이 이루어진다. 그래서 'kick the bucket'은 교수형으로 죽인다는 뜻이다. 언젠가는 운명의 여신이 우리의 양동이를 걷어찰 것이다. 그 전에 해보고 싶은 것을 해야 한다.

버킷리스트는 주로 개인에 한정된 경우가 많다. 영화에서 보듯이 평생 일만 한 나에게 선물을 주는 것은 의미가 있다. 다만 '죽기 전'이라는 단어가 있다고 해서 너무 늦은 나이에 한꺼번에 몰아서 하는 건 좋지 않고 60대부터는 하나씩 해나가야 할 것이다. 여러 이유가 있겠지만 의외로 일찍 세상을 떠나는 지인들을 보면서 든 생각이다. 그렇지 않더라도 시간은 '눈 깜짝하면' 10년이 지나가 있기 마련이다. 버킷리스트를 일찍 실천해야 한다는 의견에 하나 더 보태자면, 자신만의 버킷리스트가 아닌 부부의 버킷리스트를 만들어 실천해볼 것을 추천한다.

60세 동갑내기 부부의 기대여명은 30년이다. 90세가 되면 부부 모두 세상을 떠난다는 뜻이다. 그런데 이 중 함께 사는 시간은 19년이고 11년은 부부 중 한 명이 홀로 살아야 한다. 60세 동갑 부부를 기준으로 본다면 부부가 앞으로 함께할 시간은 30년이 아니라 19년에 불과하고, 19년 중에서도 부부가 모두 건강한 시간은 10년이며, 9년은 부부 중 한 명 이상이 아파 지내는 시간이 될 것이다. 부부간에 나이 차가 2~3년 있어도 위의 과정은 별반 다르지 않다. 그래서 60세 부부의 삶을 간단히 말하면 '10-10-10'이다. 부부의 기대여명 30년 중 10년은 부부가 모두 건강할 때이고, 10년은 부부 중 한 명 이상이 아픈 시간이고, 또 10년은 부부 중 한 명이 세상을 떠나 남은 한 명이 홀로 사는 시간이라는 뜻이다.

이렇게 보면 부부 모두가 건강하게 지내는 10년은 소중한 시간이다. 골든타임이라 부를 만하다. 응급 상황에서 골든타임은 이 시간을 놓치면 생명을 잃게 되는 시간이다. 60대 부부가 갖는 10년 역시 놓치면 다시 되돌릴 수 없는 시간이다. 늦어도 60대부터 버킷리스트를 만들어 실천해야 하는 이유다. 신혼여행으로 꼭 가고 싶었는데 못 가본 곳 가보기, 진기한 음식 먹어보기, 맛집 100곳 탐방하기, 배우자가 태어나고 자란 곳 가보기, 교토 벚꽃 구경하기 등 부부가 머리를 맞대고 뭔가 생각날 때마다 하나씩 작성해서 실천하면 좋다.

부부 버킷리스트가 주는 장점은 이 경험이 노후 삶의 윤활유가 된다는 것이다. 추억을 공유하는 것만큼 관계를 깊게 해주는 게 없다. 전장에서 목숨을 같이 나눈 전우를 보면 안다. 김광석의 노래 「어느 60대 노부부 이야기」는 결혼하고 아내가 남편의 첫 출근 넥타이를 매어주던 때, 막내아들 대학시험 때, 큰딸 결혼하던 날 등 굵직하고 깊은 경험을 공유한 부부의 이야기다. 아내를 일찍 보내고 혼자 자녀를 키운 50대 남성이, 아내가 꿈에 나와 이제 해보고 싶었던 노래를 불러보라고 했다면서 콘테스트에 나와 부른 노래가 이 노래였다. 심사위원들과 방청객 모두 눈물바다를 이루었다. 이런 공통의 경험과 추억이 노후를 견딜 수 있게 해준다.

노후가 되면 행복하다고들 하지만 사실 삐걱거리는 게 더 많다. 지금까지의 삶이 쌓고 확장시키는 시간이었다면 노후는 인출하고 하나씩 떠나보내는 때다. 회자정리(會者定離)라고 했다. 젊었던 때가 만남의 과정이라면 노후는 이별의 과정이다. 이별이 행복한 사람은 없다. 노후가 행복하다고 부르짖는 것은 실제로는 행복하지 않다는 반증이기도 하다. 누가 봐도 행복한 사람이 자기 행복을 이해시키려고 애쓰는 모습은 보지 못했다. 요즘은 친구들이나 퇴직한 직장 동료들과 이야기를 나누다 보면 어느새 옛날이야기를 신나게 하는 우리를 발견하게 된다. 시간 가는 줄도 모른다. '라떼족'이라 해도 좋다. 나이 들면 추억만 먹고 산다고 핀잔을 듣지만 추억은 노후에 좋은 먹을거리가 되는 것도 사실이다. 추억은 횅하니 빈 곳의 허전함을 채워준다.

그러니 부부의 버킷리스트를 만들고 실천하면서 삐걱대는 노후에 윤활유 역할을 해줄 좋은 추억을 만들어보았으면 한다. 부부의 추억은 자녀가 세상에 처음 나온 날, 자녀의 대학시험 날, 결혼식 날 등 자녀를 키우는 것에서 끝나는 게 아니다. 그 이후 부부만의 추억이 계속되어야 한다. 추억 1막이 자녀와의 성장 경험이었다면 그 2막을 위해 부부의 버킷리스트를 만들어 실천해보자. 남녀의 깊은 슬픔의 간격을 뛰어넘을 수 있게 해줄 것이다.

▌새로운 멍에를 메자

생텍쥐페리의 소설 『인간의 대지(大地)』는 항공기 조종사들이 자기 삶의 터전인 동시에 끊임없이 고난을 던지는 대지와 더불어 살아가는 이야기다. 1920~1930년대에는 비행하는 데 위험이 많이 따랐다. 죽기도 하고 조난도 많이 당했다. 생텍쥐페리 자신도 리비아 사막에서 조난당한 적이 있고, 비행기 추락으로 중상을 입기도 했다. 『인간의 대지』에는 동료 기요메가 안데스산맥에서 조난당했다 살아 돌아온 이야기가 나온다.

기요메는 안데스산맥 6,900미터에서 조난을 당한다. 안데스산맥의 5,000미터를 넘는 곳은 만년설로 덮여 있다. 기요메는 눈 속에 대피소를 파고 48시간을 기다린다. 폭설이 멎자 영하 40도의 추위를 무릅쓰고 닷새 낮, 나흘 밤을 걷다가, 너무 힘들어서 고통에서 벗어나고자 대지에 엎드려버린다. 평안함이 찾아오며 그냥 그대로 잠을 자면 좋겠다고 생각한 순간, 번뜩 아내 생각이 떠오른다. 보험 증서가 있으니 홀로 남을 아내가 비참한 생활은 하지 않겠다는 생각을 하다가, 실종되면 법정 사망 선고가 내려지기까지 4년을 기다려야 보험금을 받는다는 사실이 머릿속에 번갯불처럼 떠오른다. 기요메는 50미터 앞의 바위를 본다. 잘 보이는 바위에서라도 죽으면 여름날 시체가 발견될지 모르겠다는 생각으로 일어선 기요메는 그대로 이틀 밤과 사흘 낮을 걸어 마침내 구조된다.

생텍쥐페리는 동료 기요메의 위대함이 책임감에 있는 것으로 보았다. 자기에 대한 책임, 자기가 운반하던 우편물에 대한 책임, 희망을 품고 있는 동료들에 대한 책임, 계속 걷고 있을 것이라는 아내의 믿음에 대한 책임이다. 생텍쥐페리는 인간의 삶에서 역할과 책임을 중요하게 여겼다. 표면적으로는 같은 죽음이라도 책임을 알고 있었느냐에 따라 의미가 달라진다고 보았다. 그는 마드리드 전선에서 한 병사가 참호에서 떨어진 곳에 수염 난 농부들을 앉혀놓고 식물학을 가르치는 모습을 보았다. 이들이 죽음을 앞두고도 마음이 평화로운 이유는, 아무리 하찮은 것일지라도 자신의 역할을 의식하고 있기 때문이었다. 생텍쥐페리는 우리가 '역할'을 의식하고 있을 때야 비로소 행복할 것이라고 말한다.

우리 노후에는 책임과 역할이 하나둘씩 덜어진다. 자녀에 대한 책임, 직장에서의 책임, 부모님에 대한 책임들이 가벼워진다. 어느 날 역할이 모두 없어진 걸 발견하기도 한다. 이제 모든 게 홀가분해졌다고 하는데도 마음 깊은 곳에서 뻥 뚫린 구멍을 발견하게 되는 것은 책임과 함께 삶의 의미도 사라지기 때문이다. 역할과 책임은 삶에 의미를 주며 이것은 인간의 실존이기도 하다. 노후에 자신에게 맞는 새로운 역할은 무엇인지 모색할 필요가 있다.

우선, 가족과 직장에 집중되었던 책임과 역할을 사회로 돌리면 좋다. 사회에 나가보면 누구의 역할 속에도 포함되지 않는 분야들이 보인다. 경제학에서 말하는 공공재적 성격 때문에 재화가 충분히 공급되지 않거나 소외된 분야다. 우리나라 고령자는 텔레비전을 많이 보는 반면 사회참여 비율이 낮다. 사회적 책임과 역할을 가져보는 것도 좋다.

혹은, 필생의 과업을 하나 이루어보는 것도 좋다. 일본 전역의 지도를 제작한 이노 다다타카, 70대 후반부터 101세까지 그림을 그린 모지스 할머니, 70세가 넘어 문단에 등단한 작가들이 그랬다. 구순이 넘어 초등학교를 졸업한 할머니도 있다. 내친김에 중학교에도 진학할 예정이라고 한다. 지금 세대에게는 낯선 이야기일 테지만 1930년대에는 부유한 집안에서도 여자아이는 초등학교도 제대로 보내지 않았다. 이 할머니는 글을 못 읽는 것이 평생의 한이었다. 글을 읽을 수 있게 되니 세상이 완전히 다르게 보였다고 했다.

성경에서 예수는 사람들에게 멍에를 바꾸라고 했다. 재미있게도 멍에를 벗어버리라고 하지 않았다. 수고하고 무거운 짐 진 자들에게 그 멍에를 벗어버리고 '내 멍에'를 메라고 했다. 멍에는 밭을 갈기 위해 소 등에 지우는 막대다. 여기에 쟁기를 연결하니 소의 목뼈와 등뼈를 압박한다. 그러니 멍에를 멘다는 게 얼마나 힘든 일이겠는가? 목수였던 예수는 아마 멍에를 만들어봐서 잘 알고 있었을 것이다. 우리나라는 소 하나가 멍에 하나를 메지만 이스라엘은 두 소가 몰 수 있도록 멍에가 쌍으로 되어 있다. 그래서 하나는 어미 소가 메고, 또 하나는 새끼 소가 메게 하여 밭을 간다. 새끼 소에게 멍에를 메고 밭 가는 방법을 가르치기 위해서다. 예수가 내 멍에를 메라고 한 것은 새끼 소가 메는 그 멍에를 말한다. '내 멍에는 쉽고 가볍다'라고 한 이유다.

젊었을 때 메던 역할과 책임이라는 멍에를 벗어버리면 처음에는 홀가분하지만 나중에는 공허해진다. 역할과 책임이 곧 인간의 실존이기 때문이다. 인생의 오후에는 새로운 멍에를 메야 한다. 이노 다다타카처럼 천문학이라는 멍에를 멜 수도 있고 강만수 전 장관처럼 작가로서의 멍에를 멜 수도 있다. 혹은 사회봉사라는 멍에를 멜 수도 있다. 필자의 지인은 정년퇴직을 하고 바로 아프리카로 건너갔는데, 현지에서 의대 설립에 몸을 바치려 한다. 거긴 의대가 없어 해외에서 학위를 받아 의료행위를 하는 상황이기 때문이다. 죽을 때까지 아프리카에서 있어야 할지도 모른다고 했다. 지인은 새로운 멍에를 멘 것이다. 인생의 오후에는 역할과 책임을 버리는 게 능사가 아니다.

옛 멍에를 버리고 새로운 멍에를 메어보자.

인생 후반
5대 리스크

2024년 아시안컵 경기에서 우리나라는 사우디아라비아와 호주와의 경기에서 후반 2분도 남지 않은 때 결정적인 골을 넣었다. 2 대 1로 역전되었을 때 호주 관중석의 분위기는 그야말로 망연자실 상태였다. 대체 축구 경기에서는 언제 골이 가장 많이 터질까? 보통 전반 시작 후 15분과 후반 마지막 15분이라는 답이 많다. 1930~2010년에 열린 772번의 월드컵 경기를 15분 단위로 나누어서 분석한 연구가 있다. 총 2,208골이 터졌는데 931골이 전반에, 1,175골이 후반에, 그리고 연장전에서 102골이 터졌다.[3] 시간이 지날수록 골이 늘어났고 후반 '마지막 15분'이 정점이었다. 축구 경기에서는 후반 마지막에 골이 터지니 유의해야 한다.

인생 후반의 골도 조심해야 한다. 만회할 수가 없기 때문이다. 인생 후반에 조심해야 할 것들이 5가지 있는데, 성인 자녀, 금융 사기, 은퇴 창업, 중대 질병, 황혼 이혼이다. 이른바 '인생 후반 5대 리스크'다.[4] 재무적으로나 비재무적으로나 준비를 해놓았다 하더라도 이 5가지는 삶을 흔드는 충격으로 다가온다.

성인 자녀 리스크는 다 큰 자녀가 독립하지 않고 부모의 집에서 생활비를 축내거나 과중한 결혼비용으로 노후자금이 나가는 경우다. 60대가 보편적으로 가장 많이 경험한 것은 성인 자녀 리스크다. 중산층 60대는 거의 절반이 성인 자녀와 동거하고 있으며, 동거하는 자녀의 연령 비중을 보면 30~34세가 43퍼센트였고 35~39세도 33퍼센트였다. 동거 자녀 중 63퍼센트가 본인 생활비를 내지 않는 것으로 나타났고, 13퍼센트는 생활비도 안 내고 용돈까지 받았다. 자녀가 취직하고 결혼하는 게 가장 큰 효도라는 말은 이런 배경에서 나온 것이다. 일본은 이미 40, 50대 자녀들이 부모의 연금을 같이 나눠 쓰고 있다. 자녀는 성인이 되면 독립해야 한다. 자녀도 부모에게서 독립해야 하지만 부모도 자녀에게서 독립해야 한다. 부모의 독립도 필요하다.

가장 많이 경험하는 것이 성인 자녀 리스크라면 가장 큰 피해를 입는 것은 황혼 이혼이다. 60대 은퇴자 중 이혼을 경험한 사람은 3.6퍼센트 정도다. 비율이 생각보다 높지는 않다. 이혼할 사람들은 50대에 많이 하기 때문이다. 그런데 황혼 이혼을 했을 때 경제적 손실이 가장 컸고 정서적인 피해도 컸다. 황혼 이혼을 하면 '아내 나가고, 돈 나가고, 자식 나간다'는 말이 있다. 그뿐만 아니라 남성의 고독사 원인이 되기도 한다. 은퇴 부부에게 필요한 3공을 실천해야 한다.

호기롭게 시작하지만 많이 실패하는 게 은퇴 창업이다. 60대 은퇴자 중 절반이 창업을 생각해볼 정도로 퇴직 후에 창업의 유혹을 받는 사람이 많다. 실제로 창업한 사람은 전체 중 26퍼센트, 계획

중인 사람은 5퍼센트로 약 30퍼센트가 창업과 관련되어 있다. 그런데 창업한 사람 중 64퍼센트는 휴업하거나 폐업한 것으로 나타났다. 창업을 시도한 사람 3명 중 2명이 여러 이유로 중단을 한 것이다. 창업 실패 손실은 평균 6,000만 원 정도였고, 창업 실패 후 생활비를 줄여야 했다고 한 사람이 80퍼센트였다. 은퇴 창업은 빈도수도 많고 피해 금액도 크기 때문에 유의해야 한다.

은퇴 후 창업 상황이 좋지 않은데도 불구하고 창업자가 줄어들지 않는 것은 마땅한 일자리가 없고 또 나는 예외라는 착각 때문이기도 하다. 미국에서도 식당 10곳 중 6곳은 3년 안에 문을 닫고, 중소기업이 5년 동안 생존할 확률이 35퍼센트에 불과하다고 한다. 그런데 재미있는 것은 이러한 데이터가 있음에도 불구하고 창업하는 사람들에게 성공할 확률을 물으면 60퍼센트라고 대답한다는 것이다. 사람에게는 이런 낙관적인 자기과신이 있다. 하지만 은퇴 후에는 이런 과신이 위험하다. 객관적인 태도로 보아야 한다. 그리고 창업을 하더라도 고정비용을 들이지 않아도 되고 자기 기술을 쓸 수 있으며 자본이 없어도 되는 일을 해야 한다.

금융 사기가 의외로 문제가 되는데, 당한 사람이 8퍼센트 정도이고 당할 뻔한 사람까지 합하면 20퍼센트가 될 정도로 많다. 금융 사기를 당한 사람 중에는 중산층에서 빈곤층으로 전락한 비중이 가장 컸다. 특히 금융 사기는 금전적 손실뿐 아니라 속았다는 자괴감에 스스로를 과다하게 힐책할 수 있고 가족관계까지 해칠 수 있다. 금융 사기는 돈이 좀 있어야 사기 대상이 되기 때문에 평범한 중산층 이상이 주의해야 할 부분이라고 판단된다. 또한, 돈에 관계된 제1 철

칙은 '공짜는 없다'는 것, 두 번째는 '너무 좋은 제안에는 거짓이 있다'는 것이다.

영화 「싱글 라이더」는 '혼자 여행하는 사람'이라는 뜻이다. 주연을 맡은 이병헌의 직업은 증권회사 지점장이다. 본사에서 안전하다고 하여 계열사 채권을 팔았는데, 결국 법정관리 대상이 되고 고객들은 찾아와 돈을 내놓으라고 소리를 친다. 이를 감당하지 못한 이병헌은 자살을 하는데, 그 영혼이 호주에 있는 가족의 집을 방문한다. 이때 호주에서 돈을 벌어 한국으로 돌아가려던 한 소녀가 금융기관이 아닌 사설에서 더 좋은 조건으로 환전을 하려다 살해당한다. 이병헌과 소녀의 영혼이 대화를 하는데, 이병헌은 소녀에게 이렇게 말한다. "너무 좋은 거래에는 항상 거짓이 있죠. 나도 내가 하는 일에 의심을 해본 적이 없었어요. 결국은 그 거래 덕분에 내 재산도 고객도 모두 잃고, 친구도 가족도 잃어버린 것 같고… 나 자신까지 잃어버리고." 자산 관리를 하면서 꼭 새겨야 할 말이다. 너무 좋은 조건은 위험하다.

금융 사기뿐만 아니라 「싱글 라이더」처럼 고수익에 현혹되어 위험한 투자를 하는 것도 조심해야 한다. 고수익으로 유혹하는 것은 의외로 주식이 아니다. 아이러니하게도 ELS와 같은 중수익 자산이다. 이들 자산 중에서 평소에는 안정적인 수익을 주다가 주가가 급락하면 손실폭이 크게 확대되는 상품이 있다. 중수익 상품의 리스크는 금융시장의 충격에도 중간 정도의 손실을 봐야 하는데 유사pseudo 중수익 상품은 고수익 상품과 같은 손실을 보게 된다는 점이다. 사람들이 가장 많이 현혹되는 중수익은 수익률 6퍼센트 정도다. 이 수익률을 안정적으로 주면 돈이 몰린다. 그런데 정기예금 금리나 국채 수익률이 2퍼센트일 때 6퍼센트를 안정적으로 주는 상품은 없다. 정말 6퍼센트를 주는 상품이 있다면 개인들이 이 상품에 가입하기 전에 이미 기관 투자자들이나 부자들이 대거 가입했을 것이다.

중수익 상품의 또 다른 리스크는 안전하다고 해서 많은 돈을 갖다 넣는 데 있다. 주식은 위험하다고 적은 돈을 투자하는 사람들이 중수익 상품은 안전하다고 많은 돈을 투자하는 경우, 고수익 상품만큼의 손해를 보게 된다. 사모펀드나 ELS 사태가 터졌을 때의 인터뷰를 보면 '내 노후자산을 모두 여기에 맡기고 좋은 배당을 받으며 살려고 했다'라는 말을 한다.

이런 상품에 가입할 때는 3가지를 생각해야 한다. 첫째, 누군가 구조를 짜서 제시하는 상품에는 우리가 생각지 못하는 만일의 위험이 있기 마련이다. 이번에도 미국 주가지수를 연계한 ELS가 아니라 중국 기업을 연계한 ELS에서 대규모 손실 사태가 발생했다. 협상에서는 상대방이 제시하는 안을 그대로 받아들이기에 앞서 어떤 위험이 있는지를 살펴보아야 한다. 둘째, ELS를 중위험·중수익 상품이라고 생각해서 많은 돈을 넣으면 안 된다. 특히 퇴직금을 다 넣는 일은 없어야 한다. 만일 ELS를 많이 한다면 원금이 보장되거나 최대 손실이 확정되는 것을 선택해야 한다. 셋째, ELS는 보통 사람에게 그렇게 좋은 금융상품이 아니다. 주식은 위로 오르는 잠재성을 보고 투자하는 것인데 ELS는 주식가격이 오르면 확정된 수익을 받고 급락하면 모두 손실을 보아야 하는 구조이기 때문이다. 기본적으로 장기 자산 관리에는 부적합하다. 우리나라에서만 유독 ELS가 일반인에게 많이 팔린다는 사실을 기억하자.

은퇴 준비를 착실히 잘 갖추어놓았더라도 이런 5가지 리스크를 맞게 되면 빈곤층으로 전락할 수 있다. 정서적 안정도 무너진다. 인생이 안 좋은 쪽으로 한순간에 역전될 수 있다. 특히 빈도수는 낮지만 당하면 피해가 큰 황혼 이혼, 금융 사기, 은퇴 창업을 조심해야 한다.

후반 5분을 남기고 먹는 골은 난감하다. 골을 먹지 않는 게 최선이다. 인생 후반 5대 리스크도 잘 피해가야 한다. 경제적, 정서적 준비에 덧붙여 5가지 리스크를 피해야 한다. 5가지 리스크에 얼마나 노출되어 있는지, 그리고 이들이 노후를 얼마나 위협하고 있는지 한번 체크해보기 바란다.

3부

새로운

구성의 모순이라는 말이 있다. 개별적으로는 최선인데 전체로는 좋지 않은 해법이 도출되는 경우다. 개인이 이기적으로 행동하면 보이지 않는 손이 최적의 길로 이끌 것이라고 한 애덤 스미스는 사회적 공감을 중시했다. 애덤 스미스의 자유시장주의에는 국가 차원에서 정의의 체계가 유지되어야 한다는 전제 조건이 있다. 앞으로는 세대 간에 제한된 자원을 두고 다투게 될 것이다. 국가의 예산을 어디에 더 배분하느냐의 문제다. 프랑스 대통령 마크롱은 2023년 "연금을 개혁하지 않으면 젊은 세대를 위해 쓸 돈이 준다"라고 했다. 이런 때 우리는 어떤 길을 택할 것인가? 이기심의 길을 택할 것인가, 사회적 공감의 길을 택할 것인가?

길을
향하여

2부에서 60년대생 개인들이 준비해야 할 사항들을 살펴보았다면 3부에서는 사회적으로 어떤 길을 이끌어갈 것인가에 초점을 맞춘다. 일본의 단카이세대는 젊은 세대로부터 '도망치는 세대'라는 말을 듣는다. 국가부채를 잔뜩 늘려놓고 복지 혜택을 받으면서 그 부담을 젊은 세대에게 넘기고 도망친다는 의미다. 앞으로 초고령사회와 저성장사회를 맞이하여 울퉁불퉁한 길을 가게 될 우리 경제에서 도망치는 세대가 아닌 '길을 고르는 세대'로서 60년대생의 역할과 함께 관련 정책을 살펴본다.

세대 간
상생을 위한
사회적 대타협

60년대생이 사회적으로 풀어야 할 과제는 세대 간 '죄수의 딜레마'일
것이다. 고령사회의 주역인 60년대생과 젊은 세대가 자원의 배분을
둘러싸고 협조적인 게임을 해야 한다. 쉽게 말하면 상생의 길을
도모하는 것이다. 여기에는 노동시장과 세금에 관한 문제가 개입되어
있다. 60년대생은 일본의 단카이세대처럼 '도망치는 세대'라는 말을
듣지 말아야 하며 초고령사회가 연착륙하는 데 도움을 보태야 한다.
협조적 게임을 통해 지속가능한 사회를 만들어야 60년대생의 노후도
평안할 수 있다.

7장

죄수의 딜레마

버락 오바마 전 미국 대통령이 「일Working: What We Do All Day」이라는 다큐멘터리에 출연하여 근로자들과 대화를 나누고 내레이션을 했다. 이 프로그램은 총 4부작으로 구성되었는데, 퓰리처상을 받은 스터즈 터클의 책 『일』을 소재로 기획된 것이었다. 오바마는 이 책이 자신의 삶을 바꾸어놓았다고 말했다. 다큐멘터리에서는 저소득 근로자부터 대기업 회장까지를 살펴본다. 오바마는 한 근로자와 대화를 나누면서 "대통령님은 모두 갖추어놓으셨잖아요"라고 말하는 상대방에게 '꿈을 이루었고, 집, 가정 등을 갖추어놓았다'라고 답했다. 그리고 이어서 '다음 세대가 걱정이다'라고 말했다.

언론사 뉴스핌은 2024년 1월 9일 KYD^Korea Youth Dream를 출범했다. 젊은이들이 꿈을 꾸게 하려는 목적에서다. 베이비부머들은 다음 세대가 걱정되는 듯하다. 출범식에 참석했던 저명인사는 자녀뿐만 아니라 손주세대도 걱정된다고 했다. 젊은이들은 잘 살고 있으니 어르 신들의 노파심으로 볼 수도 있다. 예부터 부모는 항상 자녀가 걱정스러운 법이다. 그런데 1인당 GDP가 7만 달러가 넘는 미국의 전직 대통령까지 다음 세대를 걱정할 정도라면 그렇게 쉽게 생각하고 넘어갈 문제는 아닌 것 같다.

우리나라는 인구구조, 연금, 저성장, 일자리 등 앞으로 극복해야 할 과제가 많다. 인구와 기술의 쓰나미 같은 도전도 있다. 밤을 새워가며 그래픽 디자인을 배우는데 한순간에 AI에 밀려나지는 않을까, 세무사와 변호사 자격증을 땄는데 이런 일까지 AI에게 빼앗기는 것은 아닐까, 10년을 바쳐 익힌 전문지식이 한순간에 무용지물이 되지는 않을까 하는 것이 부모세대의 걱정이다. 부모세대야 세상이 변하면 그 세상의 주식을 가지고 있으면 되지만 현장에서 일하는 자식세대는 그 미래가 불확실하다. 게다가 젊은 인구는 줄고 나이 든 인구는 급증하여 연금을 제대로 받을 수 있을지 걱정이다. 베이비부머를 비롯하여 60년대생도 불확실한 미래에 직면해 있다. 수명이 얼마나 길어질지 불확실하고, 연금을 제대로 수령할 수 있을지, 자산 차이에 따라 삶의 격차가 얼마나 벌어질지, 세대 간 갈등 심화가 어느 정도일지 불확실하다.

일본이 1990년대부터 지금까지 걸어온 사회 변화를 나열해보면, '성인 자녀, 싱글족, 격차사회, 희망 격차, 고독사, 폭주 노인, 노후 파산, 가족 파산, 하류 노인, 장수 지옥, 다사사회(多死社會)'였다. 2015년을 전후하여 일본은 노후 파산과 노후자금에 대한 고민이 커졌다. 아마 1990년대에 고령화에 접어들고 20년 정도가 지나면서 노인들의 생활비가 바닥난 때인 것으로 보인다. 고령사회의 피로가 본격적으로 나타났다. 이제는 노후 파산을 넘어 장수 자체에 대한 반발이 일어나고 있다. 가족에게 둘러싸여 죽지 못하고 시설이나 혹은 독거 상태에서 혼자 죽는 사람이 많아지는 세태에 대한 책인 『누구나 혼자인 시대의 죽음』(2015)에는 혼자 외롭지 않게 죽는 법이 나온다. 급기야 가키야 미우는 소설 『70세 사망법안, 가결』(2015)에서 70세가 되는 생일로부터 30일 이내에 반드시 죽어야 하는 사망법안이 가결되면서 나타난 사람들의 행동과 생각을 보여주기에 이른다.

일본에는 다사사회가 도래했다. 고령화가 깊어지면서 사망자가 급증했다. 2010년 약 120만 명이었던 연간 사망자 수는 2025년까지 5년마다 약 10만 명씩 증가해서 단카이세대가 80세대 후반이 되는 2030년대에는 160만 명이 넘을 전망이다. 이후에도 연간 150만 명이상일 것으로 보인다.[1] 화장 대기 시간이 길어 장례식을 하지 않고 화장장에서 바로 이별을 하는 직장(直葬)도 늘어나고 있다.[2]

2024년 개봉된 일본 영화, 「플랜 75」는 75세 이상의 고령자가 죽음을 선택할 권리를 지원하는 안락사 제도에 관한 영화다. 한 젊은 남성이 노인을 무차별적으로 살해한 뒤 자살하며 "넘쳐 나는 노인이 나라 재정을 압박하고 그 피해는 전부 청년이 받는다. 노인들도 더는 사회에 폐 끼치기 싫을 것이다"라는 유언을 남긴다. 이 사건으로 국회는 안락사 제도인 '플랜 75'를 통과시킨다. 이 영화에는 노인의 안락사에 대한 다양한 시선이 담겨 있다. 올해 2월 5일에는 네덜란드 전 총리 부부가 93세의 나이로 동반 안락사를 선택하기도 했다. 우리나라의 베이비부머가 고령자가 되었을 때도 이런 논란을 피해갈 수 없을 것이다.

우려되는 점은 세대 간에 서로의 이익을 강하게 주장하다 보면 세대 간 충돌이 일어나고 열악한 균형으로 갈 수 있다는 것이다. 죄수의 딜레마라는 게임적 상황이 있다. 두 범죄자 A와 B가 체포되어 각자 심문을 받는데, 둘은 서로 대화를 하지 못하고 분리되어 있다. 죄수에게는 3가지 상황이 주어진다. 첫째, 두 죄수 모두 죄를 자백하지 않으면 각자 1년 형을 받는다. 둘째, 둘 중 1명만 자백하면 자백한 자는 석방되고, 자백하지 않은 자는 8년 형을 받게 된다. 셋째, 둘 다 자백하면 각각 5년 형을 받는다. 돈이나 점수를 걸고 게임을 진행하면 피험자들은 대부분 협동보다 경쟁을 택한다. 둘 다 자백하여 5년 형을 받는 쪽을 선택하는 것이다. 상대방이 자백하지 않으리라는 확신이 없기 때문이다. 천재 수학자이자 경제학자인 존 내시는 죄수들에게 위와 같은 상황이 주어졌을 때 둘 다 자백하여 5년 형을 받는 것이 균형이라고 했다. 이것이 유명한 내시균형Nash equilibrium이다. 애덤 스미스는 각자의 이익을 추구하면 보이지 않는 손이 최선으로 이끈다고 했는데 내시는 그렇지 않다는 것을 보인 것이다.

젊은 세대와 나이 든 세대는 모두 이런 상황에 처해 있다. 젊은 세대는 좋은 직장에 취업하여 결혼하고 자녀를 양육해야 하며 장년 세대는 직장에 좀 더 오래 다니면서 노후를 준비해야 한다. 그런데 저성장으로 일자리의 총량이 늘어나지 않는 상황에서 일자리를 갖고 다투게 됨에 따라 장년은 정년 연장을 주장하고 청년은 반대한다. 노인은 무료 복지를 희망하지만 청년이 그 비용을 부담해야 한다. 세대 간 충돌이 일어나면 내시균형으로 갈 수 있다. 세대 간 죄수의 딜레마 게임에서 더 좋지 않은 해법으로 가는 것이다. 서로를 믿어야 협력 게임이 되어 가장 좋은 해법으로 가게 된다. 앞으로 세대 간 갈등이 첨예할수록 죄수의 딜레마 문제도 첨예해진다. 미래에 60년대생이 「플랜 75」의 주인공이 되지 않으려면 세대 간 상생을 통해 협조적인 게임을 해야 한다.

고령사회 연착륙을 위한 10가지 과제

앨버트로스라는 새는 우아하게 활공하다가 착지할 때 우당탕 쿵쾅 난리가 난다. 비행기도 이륙과 착륙을 잘 해야 한다. 우리나라는 1965년부터 50년간 생산가능인구가 매년 1.8퍼센트 증가했다. 반면 향후 50년간 생산가능인구는 매년 1.2퍼센트 감소하고 65세 이상 인구가 2퍼센트씩 증가한다. 저성장이라는 난기류에서 인구가 급하강을 하는 셈이다. 저출산 대책도 중요하지만 출산율 제고는 한계가 있다. 젊은 층과 고령층의 인구 구성비 불균형에서 오는 문제를 해소해야 하고 고령자가 과다하게 많아질 때를 대비해야 한다. 인구와 연계되는 고리를 파악한 뒤 장기적이고 총체적인 시각으로 일관되게 대응해야 한다. 그중 10가지를 추려서 짚어본다.

첫째, 경제 운용의 장기적 지향점을 바꾸어야 한다. 생산가능인구가 계속 감소하는데도 경제성장률에 집착하는 것은 자칫 무리가 될 수 있다. 일본이 1980년대 중반 이후 설비투자를 대거 늘렸다가 미국의 IT산업에 밀리면서 그 설비들이 비생산적이 되어버렸다. 1990년대 들어 총요소생산성이 뚝 떨어지고 장기침체를 겪게 되었다. 총량 지표에 집착하다 보면 자본이나 재정을 과다하게 늘리는 방식으로 고령화에 대처할 위험이 있다. 이미 우리 사회에서는 이런 조짐이 보인다. 소프트웨어가 아닌 하드웨어 중심으로 흐르고 있으며 그중에서도 사회 기반 시설에 과다한 투자가 이루어지고 있다. 일본의 시골 도로에는 곰과 토끼만 다닌다는 말이 있다. 총량적 지표보다 1인당 소득증가율, 취업률, 요소생산성 등이 중요하다. 성장률이 아닌 이들 지표의 중요성을 높여야 한다.

둘째, 사람이 부족하고 자본이 흔한 시대에 맞는 시스템이 필요하다. 과거에는 노동력이 흔하고 자본이 부족했다면 앞으로는 노동력이 부족하고 자본이 흔해진다. 과거 성장 과정에서 과다해진 공장, 설비, 도로, 학교와 같은 실물 자본을 줄일 필요가 있고 사람의 생산성을 높여야 한다. 인적자본에 대한 투자다. 실물 자본을 전용하고 구조 조정하여 합병하고, 미래지향적 소프트웨어 자본의 비중을 늘려가는 것이 중요 과제가 된다. 과다 자본의 후퇴 전략이 필요하며 새로운 소프트웨어 자본을 갖추면서 인적자본을 고도화시켜야 한다. 젊은이의 교육뿐만 아니라 중고령층의 재교육도 포함된다.

셋째, 정태적 균형이 아니라 동태적 안정을 모색해야 한다. 인구가 3,000만 명이면 어떠냐는 말을 한다. 맞는 말이다. 5,000만 인구는 너무 많다고 비명을 질렀던 게 엊그제 일이다. 하지만 이는 정태적 사고일 따름이다. 인구가 2,500만 명에서 5,000만 명으로 증가할 때 우리 사회는 엄청난 변화를 겪었다. 마찬가지로 5,000만 명에서 3,000만 명으로 줄어들 때도 엄청난 변화를 겪는다. 학교 수가 급속하게 줄어들 텐데 그 과정에서 학교 건물이나 교사들을 어떻게 해야 할 것인가? 고령자 수가 급증하는데 요양 인력을 어떻게 확보하며 사망자 수가 급증할 때 화장장을 어떻게 마련할 것인가? 고령자가 생산가능인구에 비해 기형적으로 많아지면 필연적으로 국가채무가 증가하는데, 국가채무 증가에 대한 국가 신뢰도 문제를 어떻게 해결할 것인가? 동태적 과정에서 일어나는 문제는 숱하게 많다. 정태적 균형 사고를 버리고 동태적 안정으로 나아가는 길을 모색해야 한다. 정태적 균형 사고는 물이 없는 물고기에게 당장 물 한 바가지를 가져다주는 게 아니라 바다로 데리고 갈 테니 기다리라고 하는 거나 마찬가지다. 그때가 되면 물고기는 이미 죽고 없다. 그래서 케인스는 '장기적으로 우리는 모두 죽는다'라고 했다.

넷째, 축적된 금융자산의 효율성을 높여야 한다. 산업사회에서 금융사회로 비중이 옮겨가고 있다. 경제학자 모딜리아니는 저축을 결정하는 요소가 인구구조라고 했다. 노후를 대비하는 사람이 많을수록 저축이 증가한다는 뜻이다. 수명이 길어지면서 베이비부머를 비롯해 젊은 층까지도 노후 준비를 한다. 이는 노후 대비 저축이 증가하고 금융자산이 축적된다는 의미다. 10년 전에는 금융자산이 GDP의 8배였으나 지금은 11배에 이른다. 금융자산을 효율적으로 운용하여 수익률을 높여야 한다. 해외자산과 국내자산의 매매 차익에 대한 과세 차이, 예금에 몰리게 되는 은행 중심의 금융산업구조 등을 고쳐가야 한다.

다섯째, 지금부터 20여 년간 계속 일자리에서 물러나게 될 베이비부머들의 일자리 인프라에 투자해야 한다. 55~69세 인구는 900만 명에서 2030년에는 1,180만 명으로 280만 명이 늘어난다. 이들이 퇴직 전반기의 삶을 어떻게 시작하느냐가 후기 고령자가 되었을 때 삶의 질도 결정한다. 일찍 퇴직하여 소득이 없다면 장수사회에서는 노후 생활 전반에 악순환이 이어진다. 그 부담의 최종 귀착지는 정부다. 은퇴자를 재교육하는 한편 고령자에게 맞는 일자리를 창출하고 탐색할 수 있는 사회적 인프라를 갖추어야 한다. 지금 이러한 인프라에 투자하지 않으면 나중에 부담해야 하는 비용이 더 많아진다. 재취업 교육과 일자리 창출은 국가의 재정 부담을 덜고 생산을 통한 기여도 하기에 1석 2조의 효과를 가져온다.

여섯째, 고령자들의 요양 문제에 첨단 기술을 접목하는 전략이 필요하다. 75세 이상의 후기 고령자 수는 2015년 270만 명에서 2035년 710만 명, 2055년 1,160만 명으로 매년 3퍼센트씩 늘어난다. 튼튼한 요양 인프라를 구축해서 장기전에 대비해야 한다. 이를 위해 최근의 혁신 기술인 인공지능, 로봇, 사물인터넷 등을 적극 접목해야 한다. 일본에 비해 20년 늦게 고령화에 진입하는 우리나라가 후발주자로서 활용할 수 있는 이점이다. 복지비용을 감당해야 할 정부가 주된 수요처가 될 수 있기 때문에 관련 산업을 전략적으로 육성하는 것이 필요하다. 정부의 수요와 축적된 자본을 잘 활용하면 혁신을 촉진할 수 있다.

일곱째, 고령사회의 소비 감소를 막기 위해서 저소득층의 소득을 보완하는 한편 고소득층의 소비를 늘려야 한다. 전자를 위해서는 고령자 간의 세대 내 소득 재배분이 우선되어야 한다. 후자를 위해서는 나이 많은 고소득자가 소비할 수 있는 시장을 활성화해야 한다. 돈 많은 사람은 아플 때 아낌없이 돈을 쓰는데, 그럴 수 있는 서비스 시설이 없다. 내수는 소비가 뒷받침되어야 한다. 자산이 많은 사람에게 세금을 많이 부과하는 재분배를 통해 소비를 촉진하는 방법은 사회적 마찰비용을 초래한다. 마찰비용을 최소화하면서 효과가 나도록 하려면 고소득 고령자의 소비를 늘려야 한다. 지갑을 빼앗는 것보다 지갑을 열게 하는 정책을 써야 한다.

여덟째, 세대 간 문제에 대해서는 선노노 후노소(先老老 後老少)를 근간으로 한다. 고령자의 보편적 복지를 줄이고 선택적 복지를 해야 한다. 선택적 복지를 함에 있어서 고령자 중 복지의 대상이 되는 사람을 젊은 세대가 아닌 같은 세대의 부유한 사람이 지원하는 방안이다. 양극화는 세대 내에서 해결하고 그것이 여의치 않을 경우 세대 간에서 해결책을 찾는 것이다.

아홉째, 자산사회, 고령사회로 변하는 것과 보조를 맞추어 세제 변화가 필요하다. 세금은 소득에 기반하는 것을 원칙으로 보지만 자산에서 발생하는 소득을 완전히 추적하기 어렵고 자산의 증여와 상속도 모두 포착하기 어려운 상황이다. 근로소득과 법인소득을 담당하는 청년층이 줄어드는 상황에서 소득세, 법인세로는 복지 지출을 감당하기가 어렵다. 반면 자산을 보유한 노령층이 급속하게 증가하는 사회에서 국가 경제의 지속가능성을 담보하기 위해서는 재산에 대한 세금을 재검토할 필요가 있다. 상속세를 활용할 수 있지만 상속세는 사망하는 시점에서 자산이 이전되는 것이라 소비의 단절이 발생할 수 있다. 따라서 노령화 진행으로 인한 재정지출의 연속성을 보장하고 높은 상속세로 인한 소비의 단절을 줄이기 위하여 상속세율을 낮추면서 재산세율을 높이는 방식의 접근이 필요하다.

열째, 연금 개혁은 빠를수록 좋다. 국민연금 5차 재정추계에 따르면 가입자 수 대비 노령연금 수급자 수의 비율인 제도부양비가 2023년 24퍼센트에서 2050년 95.6퍼센트, 2070년에는 138.3퍼센트로 증가한다. 수지 차는 2050년 −149조 원에서 2070년 −510조 원으로 급증하며, 이에 따라 부과방식비용률은 2023년 6.0퍼센트에서 2050년 22.7퍼센트, 2070년 33.4퍼센트로 증가한다. 세대 간 연금 수혜에 큰 불평등이 생기는 것이다. 고령화의 진행 속도가 빠른 만큼 연금의 개혁 속도도 지나치게 빠르다 싶을 정도로 진행해야 한다. 지나치게 서둘러도 빠른 것이 아니다. 호미로 막을 걸 가래로도 못 막을 수 있다.

이를 위해서는 사회 공론의 장을 활성화하고 상시화할 필요가 있다. 지금은 정책 대안을 제시한 뒤 이에 대한 반대가 있으면 논의가 바로 수면 아래로 내려간다. 바라건대, 토론의 장을 상시 열어 사람들의 인식을 바꾸기 위한 노력을 할 필요가 있다.

고령사회 연착륙을 위한
10가지 과제

1 경제 운용의 지향점을 총량에서 각론으로 바꾼다.

2 자본이 흔하고 사람이 부족한 사회에 맞는 시스템으로 바꾼다. 인적자본의 고도화가 필요하다.

3 정태적 균형이 아닌 동태적 안정 경로를 모색한다.

4 축적된 금융자산의 효율성을 높인다.

5 베이비부머의 재취업 일자리 인프라에 투자한다.

6 고령자들의 요양 문제를 첨단 기술과 접목한다.

7 고령자 고소득층의 소비를 늘리는 정책이 필요하다.

8 선노노 후노소 정책을 근간으로 한다.

9 고령사회에 맞게 세제 체계를 정비한다.

10 연금 개혁은 빠를수록 좋다. 공론의 장을 상시화한다.

'실버 민주주의'와
'도망치는 세대'

2,500년 전 대제국 페르시아의 침략을 살라미스 해협에서 막아낸 테미스토클레스는 8년 뒤 민회에서 추방되었다. 도자기 조각에 추방하고 싶은 사람의 이름을 적어내는 도편(陶片) 추방 제도를 통해서였다. 은광이 발굴되자 시민들에게 나누어주는 대신 선단을 건설해야 한다는 주장을 관철하여 그리스를 페르시아로부터 구한 그도 도자기 조각 개수 앞에서는 무력했다. 여기서 발전한 민주주의에서는 투표수가 핵심이다. 사람은 누구나 1인 1표의 투표권을 갖는다. 이러한 투표수가 간혹 엉뚱한 방향으로 작동할 때가 있다.

일본에서는 고령화로 인해 사회보장 지출이 크게 증가하고 있다. 사회보장 지출이 GDP에서 차지하는 비중은 2015년 기준으로 22퍼센트인데 이는 OECD 평균 20퍼센트보다 높다. 이 중 고령자 관련 급여비 비중이 67퍼센트를 차지한다. 그러다 보니 사회보장 지출 중 현역세대에 대한 지출은 영국이나 독일의 3분의 1 수준이다. 이에 반해 조세 부담과 사회보장 부담을 합한 금액을 GDP로 나눈 국민부담률은 43퍼센트로 OECD 34개국 중에서 27위를 차지할 정도로 낮다.[3] 사회보장 지출과 국민부담률 간의 불균형이 큰 편이다.

문제는 국민부담률은 늘지 않고 사회보장 지출 부담만 계속 늘고 있다는 점이다. 옆의 그림에서 보듯이 사회보장 지출의 GDP 비중은 1995년에 비해 20년 동안 10퍼센트포인트가 상승했는데, 국민부담률은 거의 변하지 않았다. 다른 나라들은 국민부담률이 35~40퍼

일본의 사회지출과 국민부담률 추이 및 전망

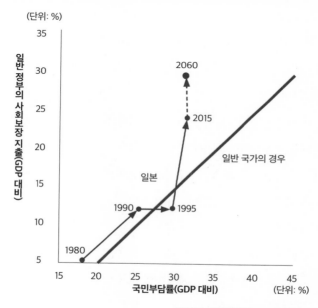

(단위: %)

일반 정부의 사회보장 지출(GDP 대비)

2060

2015

일반 국가의 경우

일본

1990   1995

1980

국민부담률(GDP 대비)   (단위: %)

자료: '日本の財政関係資料', 日本財務省, 2020.
주: 2014년, 2015년 기준 자료임

"일본의 경우 사회보장 지출과
국민부담률 간의 불균형이 커지고 있다."

센트 수준이다. 일본 재무성에 따르면 별다른 개혁 없이 이 추세대로 가면 2060년 사회보장 지출 비중은 거의 30퍼센트까지 상승하는 데 반해 국민부담률은 제자리 수준에 머물러, OECD 국가 중 특이한 불균형 국가가 될 것으로 본다. 이미 일본은 GDP 대비 국가채무 비중이 260퍼센트[4]에 이르기 때문에 적자국채 발행을 통해 적자를 메꿀 수 있을지 의문이다.

세수를 확대하기보다 적자국채를 계속 발행하는 것은 장기 저성장으로 세수가 증가하지 않은 탓도 있지만 조세저항 때문이기도 하다. 일본에서는 세금 인상 이야기가 나오면 선거에서 진다. 소비세를 1989년에 3퍼센트로 시작해서 1997년에 5퍼센트로 인상했는데 그다음 선거에서 의석수가 감소했다. 2010년에는 민주당에서 10퍼센트 인상안을 표명했다가 선거에서 참패했다. 이후 5퍼센트에서 8퍼센트로 인상하는 데 무려 17년이 걸렸다. 아베 정부는 2014년, 2016년에 소비세 증세를 연기했는데, 이때 의석은 증가했다. 그리고 소비세율은 2019년에야 10퍼센트로 인상되었다.[5] 소비세는 소득이 없는 노후에도 물건을 사면 부과되기 때문에 고령자에게 상대적으로 불리하다. 고령자의 조세저항이 있을 수밖에 없다. 일본 재무성은 균형을 회복하기 위해서는 경제성장률을 높이거나, 사회지출 증가를 억제하거나, 국민부담률을 높여야 한다고 제안하는데, 모두 쉽지 않은 상황이다.

일본인들은 사회보장제도가 고령자에게 편중되어 공평하지 않다고 생각하면서도 결국 자기도 고령자에 편입될 것이기 때문에 암묵적으로 수용하고 있다. 하지만 상황이 계속 악화되고 지속가능성에

의문이 생기면서 현세대의 불만도 커지고 있다. 야시로 나오히로(八代尚宏) 교수는 『실버 민주주의(シルバ一民主義)』라는 책에서 유권자 중 차지하는 비중이 높고 투표율도 높은 고령층의 정치적 파워가 개혁을 막고 있다고 본다. 그는 '고령자는 약자인가?'라는 질문을 던진다. 고령자는 집과 금융자산을 가장 많이 보유하고 있고 안정적인 연금도 받고 있다. 일부 사각지대에 있는 노인은 도움이 필요하지만 보편적인 복지 지출에 대해서는 의문이 든다. 고령자는 평균적으로 볼게 아니라 구분해서 보아야 한다. 그리하여 평균적인 기준으로 고령자를 우대하지 말고 가난한 고령자에 초점을 맞추면 재정건전성이 제고될 수 있다고 주장한다. 이를 위해 젊은 세대가 적극적으로 정치에 참여할 것을 요구하고 있다.

우리나라도 이제부터 본격적인 고령화에 접어들고 2050년을 넘어서면 일본보다 노인부양비율(65세 이상 인구수/생산가능인구수)이 높아진다. 사회보장 지출액이 급증하는 것은 불을 보듯 뻔하다. 장기적으로 지속가능하지 않다. 연금, 세제 개혁 모두가 절실한 때다. 하지만 20~59세 인구 대비 60세 이상 인구 비중을 보면 2022년 43퍼센트이지만 2040년에는 91퍼센트, 2050년에는 116퍼센트가 된다. 우리도 실버 민주주의가 지배할 날이 가까워지고 있다. 스스로 개혁하지 않으면 외부로부터 변화를 강요받게 된다. 내부에서 개혁하지 못하고 외부로부터 강제 개혁하게 되면 IMF 외환위기에서 보았듯 국가는 더 큰 비용을 치르게 된다. 가까이는 2011년 유럽 재정위기 때 그리스가 그랬다.

세계에서 가장 빠른 속도의 고령화 파고를 맞는 우리는 '지속가능한 사회'를 목표로 스스로 대비하고 바꾸어야 한다. 포퓰리즘 정책에 안주하다 보면 국가 부채가 증가하고 경제 전체의 틀이 흔들릴 수 있다. 경제의 틀이 흔들리면 건강한 기업도 어려워진다. 고령화로 실버 민주주의가 도래하게 될 텐데, 우리나라 60년대생은 일본의 고령자처럼 실버 민주주의 뒤에 숨어서 도망치는 세대가 되어서는 안 된다. 연금, 세제 개혁뿐만 아니라 노동시장 개혁 등 많은 분야에서 변화를 이끌어내야 한다.

고령사회 대응은 노동시장에 있다

그리스 신화에 나오는 안타이오스는 바다의 신 포세이돈과 대지의 여신 가이아의 아들로, 불패의 씨름 장사다. 그는 지나가는 여행자들에게 닥치는 대로 씨름 경기를 제안해서 그들을 죽인 뒤 그 해골로 포세이돈을 위한 신전을 건축했다고 한다. 안타이오스가 무적인 이유는 그의 힘이 땅에서 나오는 것이었기 때문이다. 그는 넘어질 때마다 더 세졌다. 어느 날 헤라클레스가 황금사과를 찾으러 가다가 안타이오스와 맞붙게 되었다. 안타이오스를 땅에 내동댕이칠수록 오히려 안타이오스의 힘이 강해지자, 이를 눈치챈 헤라클레스는 그를 공중으로 번쩍 들어 올리고 목을 졸라 죽여버렸다. 안타이오스가 죽음을 맞이한 이유는 땅이라는 자신의 기반을 놓쳤기 때문이었다.

노후 준비의 기반은 무엇일까? 많은 사람이 연금이라고 하겠지만 연금이 발 딛고 있는 곳이 노동시장이다. 연금을 잘 받으려면 오랫동안 직장에 다니고 높은 소득을 얻어야 한다. 청년들은 좋은 일자리에 오래 있으면 된다. 중장년도 조기에 직장을 나오지 말고 서구 사회처럼 60대 중반까지 일하면 노후 준비를 충실히 할 수 있다. 소득이 좀 부족하더라도 맞벌이를 할 수 있는 노동시장이 갖추어져 있으면 부부가 한 가구로서 노후 준비를 할 수 있다. 연금도 맞벌이가 되기 때문이다. 각 개인의 노후가 잘 준비되면 고령사회의 문제점을 극복할 수 있다. 결국 노동시장은 고령사회에 대비하기 위한 가장 중요한 영역이다. 청년 일자리와 정년 연장의 상생의 길을 모색하고, 고령자의 재취업 노동시장을 정비할 필요가 있다.

| 청년 일자리와 정년 연장의 상생 |

일본의 취업 빙하기는 저성장과 버블 붕괴가 겹친 1990년대 중반부터 시작되고 있었다. 2014년에는 『무업사회』라는 책도 출간되었다. 아이러니하게도 『무업사회』가 출간된 이후 일본 청년들의 취업시장은 구직난에서 구인난으로 바뀌었다. 하지만 청년 때 취업을 못 하고 프리터freeter를 했던 사람들은 40, 50대에도 여전히 부모의 연금을 나눠 쓰는 '기생 싱글parasite single'이 되어 있다. 일본의 프리터는 늙어가고 있다. 프리터 중 35~54세는 2003년 25만 명에 불과했으나 2019년에는 무려 53만 명으로 증가했다. 게다가 45~54세 프리터는

2003년 26만 명에서 2019년 46만 명으로 증가했다. 일본에서 청년 기생 싱글이 중년이 되어서도 계속 이어지는 이유다.[6]

사회에 첫발을 내디딜 때 취업하지 못하면 그 뒤로 멈추지 않고 계속 추락하는 상태가 이어지는 것을 '미끄럼틀 사회'라고 불렀다. 설상가상으로 젊을 때 공적·사적연금을 준비하지 못하다 보니 노후를 정부가 보조해주어야 하는 상황이 되었다. 만일 당시 사회적으로 부담이 되었더라도 청년을 고용했으면 인구가 줄어드는 지금 이들은 유용한 인적자본이 되어 있었을 것이다. 그랬다면 부모세대의 부담을 덜 뿐만 아니라 향후 국가의 사회보장 부담도 줄일 수 있었을 것이다.

우리나라는 지금은 취업난을 겪고 있지만 청년 인구는 앞으로 크게 감소한다. 사회로 나가는 연령이 좀 늦으니 25~34세를 기준으로 살펴보자. 이들 숫자는 2000년 860만 명을 정점으로 2020년에는 700만 명으로 감소했다. 문제는 20년 후 450만 명으로 무려 250만 명이 감소한다는 것이다. 지금보다 35퍼센트가 줄어드는 셈이다. 젊은 인구가 급감하니 청년 취업 문제도 곧 해소된다는 생각은 말아야 한다. 지금 취업이 안 된 청년이 나이가 들어서 다시 직장에 들어갈 수 있는 게 아니다. 정규 루트로부터 이탈하게 되면 '기름칠을 한 미끄럼틀'처럼 급속히 추락하게 된다. 일본의 프리터를 보면 알 수 있다. 사회가 단기적으로 부담이 되더라도 청년들에게 좋은 일자리에서 더 많이 일할 기회를 주어야 하는 이유다.

반대의 상황이 베이비부머에게 일어나고 있다. 60세가 정년이지만 선진국들에 비하면 너무 빠르기 때문에 베이비부머들은 정년이 연장되기를 원한다. 앞에서 살펴보았듯이 청년들이 선호하는 기업의 정년 연장은 청년 일자리와 대체 관계에 있다. 특히 저성장에 접어들면서 전체 일자리가 늘지 않을 때는 이 효과가 매우 크다. 정년 연장과 청년 일자리를 모두 만족시키는 해법은 없을까?

베이비부머들의 임금체계를 바꾸는 것이다. 나이가 들면 호봉이 오르는 만큼 임금도 오르는 연공급 체계에서 정년을 연장하면 인건비가 증가하고 이는 기업의 신규 채용을 줄이게 만든다. 근로자들의 직무 능력은 40대 중반경 최고조에 달한 이후 떨어지기 시작하는데 임금은 계속 오르기 때문이다. 연공급이 아닌 직무급이나 성과급이 발달되어 있는 기업은 자발적으로 고용을 연장하기도 한다. 일본에서 고령자들은 직장을 퇴직하고 다시 낮은 임금으로 재취업한다. 이런 구조에서 오랜 숙련 기술이 있는 근로자는 80대에도 일을 한다. 유럽은 산별 노조가 발달되어 있어 사람들이 취업이 어려울 때 자신의 임금을 깎고 고용을 늘렸다. 비용을 줄이니 그만큼 고용에 여유가 생겼던 것이다. 유럽에 노동자 간의 상생이 있었다면 우리는 세대 간의 일자리 상생이 필요하다. 청년은 일의 커리어를 잘 이어감으로써 국가의 지속성장을 가능하게 하고 연금재정의 안정성을 높이는 한편, 베이비부머는 임금의 유연화를 통해 정년을 늘리면서 동시에 청년을 더 고용할 여력을 만들어주는 것이다.

| 고령 인적자원의 활용과 재취업 노동시장의 체계화 |

앞으로 고령화와 생산연령인구 감소 현상은 매우 가파르게 이어질 것으로 보인다. 15~64세 인구는 2020년을 100으로 보았을 때

2045년에는 70, 2070년에는 46으로 떨어진다. 2020년 이후 출생한 인구가 본격적으로 노동시장에 진입하기 시작하면 신규 취업 인구가 빠르게 감소할 것이다. 반면 앞으로 55~74세의 인구는 크게 늘어난다. 해당 인구는 지금부터 10년간 400만 명이 증가하여 1,600만 명에 이른 후 20년 동안 이 숫자가 유지된다. 총인구의 30퍼센트에 이르는 규모다. 인구 변화로 청년 노동 인력은 부족해지고 고령 노동 인력은 많아지면 부문 간 노동 수급 불균형 문제가 발생할 수 있다. 노동시장이 지금보다 유연해져서 노동이동성이 높아져야 하며 덧붙여 고령 노동자를 잘 활용할 필요가 있다. 이렇게 하면 고령자는 노후 소득을 보완할 수 있고, 사회는 부족한 노동력을 보완할 수 있다. 베이비부머 세대의 재취업시장은 많은 잠재성을 갖고 있으므로 잘 활용할 필요가 있다.

첫째, 이 시장에 속하는 60년대생은 퇴직에도 불구하고 여전히 생산적인 일을 할 수 있다. 건강하고 교육 수준이 높다. 65세 이상 중 대졸자 숫자를 보면 현재 100만 명대에서 2040년에는 800만 명 수준에 이른다. 60년대생이 오롯이 모두 포함된다. 2060년에는 1,200만 명으로 증가할 것으로 보고 있다.[7] 또 이들은 가난할 때부터 소득이 3만 달러가 될 때까지를 고루 경험해본 세대다. 빈천(貧賤)에도 처해보고 부귀도 누려본 세대다. 어느 나라에서도 찾아볼 수 없는 귀한 인적자원이다.

둘째, 재취업시장은 주된 일자리시장과 완전한 은퇴의 중간에 있는 미드필드이면서 이행지대transition zone로서 기능한다. 이행지대가 튼튼하면 무엇보다 고령사회의 어려움을 완화할 수 있다. 베이비부머의 재취업시장이 가진 잠재성을 충분히 발현시키면 경제성장과 고령화 문제 해결에 도움이 된다. 지속가능한 경제를 만들기 위해 필수적인 부분이다. 문제는 퇴직 후 재취업시장은 일반적인 취직, 이직시장과는 다르다는 점이다. 즉, 재취업의 단계나 경로도 뚜렷하지 않고 성공적인 재취업을 위한 정형화된 로드맵이 없어서 각자도생(各自圖生)에 맡겨져 있다. 재취업시장에 대한 체계적인 분석이 필요한 이유다.

이를 위해 재취업시장의 특징, 패턴, 구조, 이동 경로를 구체적으로 파악할 필요가 있다. 퇴직자들의 구직-재직-퇴직의 경로가 어떤 패턴을 보이는지, 이동할 때마다 근로여건이 어떻게 변하고, 재취업에 성공하는 사람들과 그렇지 않은 사람들의 차이는 무엇인지, 동종취업 자리를 찾는 것과 이종취업 자리로 변신을 도모하는 것 중 어느 것이 나을지 등을 알아보자. 또한 주변 네트워크에 의존하는 재취업 정보 유통에서 인력 중개기관의 비중이 높아지도록 해야 한다. 재취업을 위한 교육도 전문적, 실용적, 체계적으로 바뀌어야 한다.

앞으로는 고령친화적인 작업환경이 기업의 경쟁력이 될 것이다. 일본은 생산 현장에서 고령자를 고용하기 위해 가벼운 플라스틱 망치를 사용하기도 한다. 기업의 조직, 문화, 업무 방식도 수직적 체계에서 기능적으로 바뀌어야 한다. 이들은 쉽지 않은 작업이다. 구조를 바꾸는 일이기 때문이다. 하지만 미래의 경쟁력을 위해서도 국가는 기업의 방향을 유도해야 한다. 기업은 저출산에도 대응해야 하지만 고령화와 인력 부족에도 대응해야 한다. 기업이 지금까지 풍부하게 공급된 노동시장 환경에서 살아왔다면 앞으로는 전혀 다른 환경을 맞게 될 것이다. 고령자 친화적인 조직 문화와 작업환경을 만들어야 한다. 이 시장이 활성화되면 실질적인 노인부양비율(비생산 노인인구/생산인구)을 낮춰 고령화의 부작용을 줄일 수 있다. 향후 고령사회의 파고를 막기 위한 투자라고 생각해야 한다.

▌ 선노노 후노소(先老老 後老少)

많은 사람이 청년세대가 고령세대를 부양하는 것을 당연한 모델로 생각한다. 인구구조가 피라미드 형태일 경우에는 충분히 가능하다. 하지만 인구구조가 항아리 모양을 넘어 역피라미드 모양이 된다면 우리는 기존의 제도에 대해 혁명적인 사고를 해봐야 한다. 보통의 사고로는 이에 대처할 수 없기 때문이다.

그중 가장 중요한 출발점은 '선노노 후노소'다. 먼저 노인과 노인끼리 문제를 해결하고 그다음에 노인과 청년 간의 문제를 해결하자는 뜻이다. 고령자 중에 약자가 아닌 사람도 많이 있다. 실버 민주주의의 도래와 대처 방안에 대한 책을 쓴 야시로 나오히로는 노인은 약자라는 관점을 바꾸라고 한다. 금융 사기를 대상으로 한 일본 드라마 「스캠」에는 신입을 정신 무장시키는 장면이 나온다. 먼저 고령자들이 풀장에서 운동을 마치고 우아하게 차려진 식탁에서 식사를 하는 장면을 보여준다. 그다음 젊은이들이 후미진 창고 같은 곳에서 도시락을 먹고 있는 것을 보여준다. 신입들에게는 노인의 돈을 빼앗아 젊은이들이 갖는 것은 전혀 죄악이 아니라고 가르친다. 사회가 하지 못하는 것을 금융 사기단이 대신 한다는 뜻이다. 대단한 논리다.

일본은 60세 이상 퇴직 세대가 보유한 금융자산의 비율이 1999년 47.4퍼센트에서 2014년 65.7퍼센트로 크게 증가했고 2035년에는 70.6퍼센트에 달할 것으로 전망하고 있다. 2인 이상 세대주의 연령별 소득을 보면 50~59세에 높아졌다가 이후 연령에서는 낮아진다. 하지만 60~69세와 70세 이상 연령층의 순저축액은(저축-부채)은 매우 크다. 50대의 순저축액이 200만 엔이라면 60대 이상은 2,000만 엔으로 거의 열 배 정도 된다. 자가 보유율도 60대 이상은 92퍼센트로, 50대의 85퍼센트, 40대의 79퍼센트에 비해 높다.[8] 이처럼 자산과 소득을 감안할 때 고령세대는 현역세대보다 풍요롭다. 그러면 국가는 왜 노인을 보조해야 할까? 가난한 고령자 때문이다. 하지만 한편에는 부유한 고령자도 많다. 평균으로 보면 고령자가 청년보다 자산도 많고 연금소득도 있지만 속내를 보면 양극화되어 있다. 극빈하거나 노후 생활이 불안정한 상태에 있는 노인이 많은 것이다. 정부가 노후 생활이 불안정한 고령자를 지원하는 것은 복지사회에서 당연한 일이다.

문제는 누구의 돈으로 하느냐는 것이다. 일생 동안 국가에 지불하는 세금이나 사회보험료의 총부담액과 사회보장 급여비 등의 형태로 국가로부터 받는 총수익액을 세대별로 추계하면 세대의 부담을 확인할 수 있다. 일본의 경우 2001년 시점에서 60세 이상 세대는 6,499만 엔의 수익 초과, 50대는 194만 엔의 수익 초과가 발생한다. 반면에 40대는 952만 엔, 30대는 1,732만 엔, 20대는 1,880만 엔의 부담

초과가 발생한다. 청년층에 대한 과다한 부담은 '재정적 유아학대'라고 표현되기도 했다.[9] 이로 인해 일본은 GDP의 2.6배에 이르는 국가채무를 갖고 있다. 국가채무는 누군가 갚아야 한다. 청년의 소득세를 통해 갚을 수도 있고 노인의 상속세를 통해 갚을 수도 있다. 혹은 고령세대 중 부유한 사람들에게 그 부담을 지울 수도 있다. 보다 효과적인 방법은 세금보다 소비가 효과적이고 저항도 적다. 할 수 있으면 고령자의 자산을 소비를 통해 사회에 환류하는 방법이 최선이다. '소비냐 세금이냐'라고 묻는다면 우선은 '소비'라고 하겠다.

케인스는 소비를 미덕이라 했고 저축을 악덕이라 했다. 그래서 이자율을 낮추고 이자 생활자를 안락사시켜야 한다고 보았다. 왜 이렇게 심한 말을 했을까? 곰곰이 생각해보면 심한 말이 아니다. 갑돌이는 돌침대를 만들었는데 너무 잘 팔려서 돈을 10억 원 벌었다. 이를 다른 측면에서 보면 다른 사람들이 갑돌이의 물건을 10억 원어치 사준 것이다. 남이 갑돌이의 물건을 사준 것처럼 갑돌이도 남의 물건을 사주는 게 도의적이다.

우리 사회는 검소함을 미덕으로 본다. 부자도 검소하고 단출하게 예식을 치르거나 행사를 하는 것을 자랑으로 삼는다. 그리고 모은 돈으로 빌딩을 사서 임대료를 받는다. 케인스의 관점에서 본다면 부자가 돈을 많이 번 것은 다른 사람들이 자신의 제품이나 서비스를 구매해주었기 때문이다. 그 구매가 없으면 부자의 소득이나 자산도 없다. 그러면 부자도 다른 사람들이 만든 제품이나 서비스를 사줘야 한다. 결혼식이 있으면 많은 사람을 불러서 식사를 대접해야 하고 인도의 부자처럼 며칠 동안 와서 먹게 해야 한다. 그런데 쓰지 않고 자본을 축적하여 임대료를 받으면 끊임없이 상대방에게 자신의 서비스를 팔기만 하는 것과 같다.

젊은 사람들은 앞으로의 삶이 긴 데 반해 지금의 소득이 지속될 가능성이 불확실하기 때문에 건물을 사는 등 자본을 축적할 수 있다. 그런데 자산을 많이 가진 고령자는 미래의 긴 시간에 대한 불확실성을 갖지 않는다. 80세의 고령자가 기대하는 수명은 한정적이다. 그래서 고령자들은 소비할 유인이 많다. 실제 호텔의 스위트룸은 고령자들이 많이 예약한다. 죽기 전에 값비싼 소비를 하고 싶기 때문이다. 이들은 충분히 소비할 유인을 가졌지만 이를 방해하는 요소가 2가지 있다. 자녀에 대한 상속 동기bequest motive와 마땅히 소비할 서비스와 제품이 없다는 사실이다. 고령자들이 지출할 서비스 중 규제에 묶여 있는 부분이 많다. 사회의 시선도 있다.

의료산업, 관광산업, 교육산업 등이 고령자들이 소비하는 서비스들이다. 그런데 럭셔리한 병원이 없고, 산을 구경할 수 있는 케이블카도 없으며 대학에 다시 입학해서 대학의 낭만을 느낄 통로도 없다. 모두 규제에 속한다. 그 외에도 많이 있을 것이다. 이들 규제를 완화하고 고령자들의 자산이 지출되도록 해야 한다. 이를 통해 고용이 창출되고 청년들의 소득이 증가한다. 이것이 세대 간 돈의 환류다. 부자 노인이 젊은 세대로부터 상품과 서비스를 사고 그 대가로 소득을 주면 젊은 청년은 그 소득으로 세금을 낸다. 국가의 재정 수입이 증가하면 이를 가난한 노인들에게 지출하면 된다. 부자 노인들의 돈이 소비를 매개로 가난한 노인들에게로 흘러간다. 부자 노인은 만족스러운 소비를 통해 효용이 오른다. '원원 게임'이다. 물론 소비의 환류만으로는 부족하다. 고령자의 소비 지출에 이어 세금구조의 변화도 필요하다.

상속세와 재산세의 최적점

발자크의 소설 『고리오 영감』의 주인공 고리오는 자수성가해서 번 돈을 모두 두 딸에게 지참금으로 주는데, 지참금에서 나오는 소득이 당시 평균소득의 50배 정도였다. 19세기 유럽은 부의 세습 시대였다. 당시 소설에 상속 이야기가 약방의 감초처럼 나오는 이유다. 이후 산업혁명과 두 차례에 걸친 세계대전으로 부의 세습 문제는 크게 줄었다. 하지만 이후의 오랜 평화 시대, 고성장, 그리고 인구구조 변화로 부의 세습 문제가 다시 대두되고 있다. 부를 축적하는 2가지 방법이 노동과 상속인데 고령사회와 함께 상속의 역할이 다시 증가하고 있는 것이다.

젊은 세대에 비해 고령세대의 인구가 상대적으로 많아지는 과정에서 부의 세습을 통한 부의 불균형이 초래될 수 있다. 이는 토마 피케티Thomas Piketty가 『21세기 자본』에서 언급한 바 있다. 부를 이룬 고령세대의 숫자, 이들의 부, 그리고 사망률이 부의 세습에 영향을 준다고 보았다. 사망률이 낮아지면 상속이 늦어지지만 이전되는 부도 함께 증가하기 때문에 상속자산은 줄어들지 않을 것이다. 피케티에 따르면 2000~2010년 사망자의 자산은, 사망 전 증여를 포함하면, 살아 있는 사람들의 평균자산보다 2.2배 많았다.[10] 피케티는 베이비붐 세대에 비해 70년대생 이후 세대에게는 부의 세습이 재산 형성에 훨씬 큰 역할을 하고 있으며 이런 변화는 여전히 진행 중이라고 본다.

우리나라도 예외는 아니다. 우리나라는 1960년대 전후로 자녀를 5명 정도 낳았고 이들이 베이비부머를 형성했다. 베이비부머는 자녀를 2명 낳았고 베이비부머의 자녀들은 1명을 낳고 있다. 한편, 경제는 1960년대부터 고성장을 구가했고 특히 2000년대 이후 소득은 1만 달러에서 3만 달러를 훌쩍 넘을 정도로 급성장했다. 이에 따라 부동산, 주식 등의 자산가격도 크게 올랐다.

베이비부머의 부모들은 한국동란으로 재산을 잃었고 경제성장기에 얻은 소득은 자녀 교육에 투자해야 했다. 게다가 수명이 예상 외로 길어지면서 사망 시 잔여 자산도 적어졌다. 인구 숫자도 많지 않을뿐더러 모아둔 재산도 많지 않은 상황이다. 반면 이들의 자녀인 베이비부머는 그 수가 많다 보니 자녀로서 각자 받는 상속액이 적다. 또 고성장 시기에 스스로 돈을 벌었다 보니 세습자산이 베이비부머의 자산 형성에 미치는 영향은 적다. 대부분 스스로 부를 축적했다는 뜻이다.

하지만 베이비부머와 그들 자녀의 관계는 다르다. 베이비부머들은 고성장 과정에서 부를 축적했다. 덧붙여 이들은 인구 숫자가 많은 데 비해 자녀 수는 2명이 되지 않아 자녀가 받는 상속액이 많다. 부가 많은 베이비부머는 그만큼 자녀에게 많이 세습할 수 있다. 그렇다 보니 상속 재산을 많이 받는 베이비부머 자녀와 그렇지 않은 자녀 간에 부의 편중이 일어난다. 부의 대물림이다. 금수저, 흙수저 이야기가 나온 배경이다.

이철승(2019)은 세대 내의 자산 불평등이 증여나 상속을 통해 자녀세대로 이어지면서 자녀세대 내에서의 불평등이 확대되었다고 본다. 연령에 따른 불평등도가 U자형을 나타내는 것은 이 때문이다. 2000년대에 자산가격 폭등의 수혜를 본 상위 10퍼센트의 자산 계층은 자산을 자녀와 손주세대로 대물림하려고 한다. 손주의 수는 더욱 적으므로, 손주에 대한 증여세에도 관심이 많다. 상속은 사망과 함께 일어나는 자연스러운 과정이지만 증여는 전략적으로 부를 이전하는 행위다. 자산가격이 급락할 때 증여가 많이 일어나는 이유도 부의 전략적 이전 과정이다.

국회 기획재정위원회 소속 양경숙 의원에 따르면(2023. 2. 21.) 2022년의 총상속·증여 재산 규모는 188조 4,214억 원이었다. 5년 전인 2017년의 상속·증여 재산 규모인 90조 4,496억 원과 비교하면 2.1배에 달하는 금액이다. 2022년 증여 재산은 92조 3,708억 원으로, 5년 전인 2017년(54조 7,084억 원)보다 37조 6,624억 원 증가했다.[11] 상속과 증여가 활발하게 일어나고 있는 것이다.

베이비부머가 그랬듯이 그들의 자녀 역시 상속이 아니더라도 열심히 노력해서 부를 증진시킬 수 있지 않은가? 유감스럽게도 이들이 살아갈 노동격차사회와 저성장사회에서는 보편적으로 좋은 근로소득을 얻을 기회가 줄어든다. 게다가 높은 근로소득을 얻는 직업조차 세습되는 상황이다. 이런 상황에서는 상속받는 재산의 중요성이 커질 수밖에 없다. 베이비부머 세대의 부의 불균형이 자녀세대의 부의 불균형으로 이전될 가능성이 높은 것이다.

반론도 있다. 고령화로 인해 사망률이 낮아지고 오래 살면 생활비 지출이 증가하여 상속액도 줄어들 수 있다는 것이다. 보통의 가계는 그럴지 몰라도 많은 부를 가진 가계는 생활비 지출이 많아진다고 해서 그게 부의 규모에 영향을 주지 않는다. 오히려 오래 사는 기간 동안 높은 자본 수익률로 재산이 늘어난다. 자녀가 좀 더 늦은 나이에 상속을 받지만 더 많은 금액을 상속받을 수 있는 것이다.

우리나라는 현재 고령인구(65세 이상) 1명당 생산가능인구(15~64세)가 4.5명이지만 2040년이면 1.7명이 될 정도로 고령자 대비 젊은 인구 비중이 급감한다. 감소 속도는 세계에서 가장 빠르다. 이에 따라 베이비부머가 많이 사망할 시기인 2050년 전후까지, 그리고 그 이후에도 증여와 상속이 활발하게 일어날 것이며 부의 세습 문제도 대두될 전망이다.

우리나라는 과세표준 30억 원 이상의 상속세율이 50퍼센트일 정도로 상속세율이 높기 때문에 세후(稅後) 기준 부의 세습 문제는 완화될 가능성이 있다. 하지만 그만큼 편법이나 저항도 거세질 수밖에 없다. 또 사망 시에 한꺼번에 상속이 되면 부와 소비도 단층적으로 변할 수 있다. 숫자가 많은 베이비부머가 100세 근처에서 집중적으로 사망하는 경우 이런 현상이 나타나게 된다. 의학이 발전하면서 사망 연령이 늦추어지고 있지만, 100세 근처에서 사망률이 갑자기 높아지는데 이를 수명절벽이라고 한다. 최근 수명절벽 현상이 가시화되고 있다. 이렇게 되면 부가 사망시에 한꺼번에 이동될 수 있다. 그와 함께 상속인의 소비도 갑자기 증가한다.

상속을 조금씩 이동되게 함으로써 소비 단절을 줄일 필요가 있다. 상속과 소비를 스무딩시키는 것이다. 상속세율을 낮추면서 재산세율을 높이는 방식이 이를 가능하게 한다. 재산세는 일종의 재산에 대한 감가상각으로 기능한다. 상속세는 종점end period에 많은 세금을 부과하는 것이며 재산세는 세수 기간을 분산한다. 재산에 대한 과세는 고령층에 대한 지원을 젊은 층의 소득만으로 부담하지 않고 자산이 많은 노령층에서도 부담하는 효과가 있다. 재정의 안전성과 소비의 단층적인 변화를 막기 위해서는 상속세율을 낮추고 재산세율을 높이는 방안을 고려할 필요가 있다.

▌상생 연금 개혁

피터 드러커Peter Drucker는 1976년 『보이지 않는 혁명』에 연금사회의 도래와 연금펀드의 사회적 영향력에 대해 썼다. 우리 사회도 연금사회에 본격적으로 들어섰다. 1988년에 국민연금이 처음 도입되었고, 1994년에 개인연금이, 2005년에 퇴직연금이 도입되었다. 이후 연금 자산은 퇴직연금과 국민연금을 중심으로 급속하게 성장했다. 2014~2021년 7년 동안 연금 총액은 846조 원에서 1,613조 원으로 90.5퍼센트 증가했다. 연 복리 증가율은 9.6퍼센트였다. 이 중 퇴직연금과 국민연금의 증가세가 빠른데, 같은 기간 동안 연 복리 증가율이 각 각 15.6퍼센트, 10.6퍼센트였다. 퇴직연금은 연 급여의 8.33퍼센트를 납입하고 국민연금은 9퍼센트를 의무적으로 납입하게 되므로 이들 연금이 세제 혜택이 주어진 임의 가입 연금인 개인연금에 비해서는 증가세가 빠르다. 특히 퇴직연금의 빠른 증가세를 주목해야 한다. 앞 으로 국민연금의 적립금이 소진되어갈 때 퇴직연금자산은 계속 증가할 가능성이 크므로 퇴직연금의 올바른 정책이 향후 연금시장에서 중요하다.

연금은 양적 성장에도 불구하고 제 기능을 못 하고 있다. 연금의 두 축은 국민연금과 퇴직연금인데, 국민연금은 적립금이 2040년을 정점으로 하락하기 시작해서 2050년대 중반에 이르면 고갈된다. 퇴 직연금은 국민연금의 부족함을 보완해주지 못하고 있다. 퇴직 때 적 립금액도 적고 운용수익률도 아주 낮다. 이러니 연금의 두 축에 대

연금 종류별 적립금 추이와 증가율(단위: 조 원)

연도	개인연금	퇴직연금	국민연금	계
2014	269.7	107.1	469.8	846.6
2021	368.7	295.6	948.7	1,613.0
총 증가율 연 복리 증가율	36.7% 4.6%	176.0% 15.6%	101.9% 10.6%	90.5% 9.6%

자료: '연금저축 현황 및 시사점', 금융감독원. '퇴직연금 통계', 통계청.

"퇴직연금의 빠른 증가세를 주목해야 한다."

한 믿음이 약할 수밖에 없다. 지속가능한 사회를 만들기 위해서는 연금 개혁이 필수적이다. 연금산업을 성장시켜 부가가치를 낳고 연금의 사각지대를 해소해야 한다.

이를 위해서는 첫째, 이제는 연금을 제도에서 벗어나 하나의 산업 관점에서 볼 필요가 있다. 산업의 효율성 혹은 수익률을 높이는 것이다. 미국을 중심으로 영미 국가들에서는 연금의 효율성이 높다. 노르웨이 등에서는 연금뿐만 아니라 국부펀드들의 효율성을 높이려는 노력도 이루어지고 있다. 앞으로 연금은 장기적으로 퇴직연금이 그 주축이 될 것이다. 국민연금은 2040년까지 자산이 증가하지만 그 기반이 약하고, 지속가능성에 대해 심대한 의문이 제기되는 반면 퇴직연금은 완전적립방식이어서 그런 문제가 없기 때문이다. 하지만 퇴직연금 적립금은 비효율적으로 운영되고 있다. 그 이유 중 하나는 업권의 지배력이다. 업권의 이해관계 때문에 사전지정운용제도(디폴트 옵션)마저 소기의 성과를 얻지 못했다. 사전지정운용제도에 원리금 보장 상품이 지정되게 함으로써 사전지정운용제도의 효율성 제고 효과가 반감되었던 것이다. 이제 기금형을 도입할 필요가 있다. 지금은 30인 미만 사업장을 대상으로 중소기업퇴직연금기금을 도입하고 있는데, 이를 잘 확산시켜야 한다.

피터 드러커는 연금사회의 대두에서 연금의 보수적 투자를 우려했다. 자금의 흐름이 연금으로 집중되는데 연금은 수탁자 책무 때문에 혁신적인 기업에 투자하기 어렵다는 것이다. 수탁자 책무 리스크에서 안전하려면 업력이 오래된 안전한 기업established firm에 투자하게 되고, 이렇게 되면 사회 전체적으로 혁신적인 곳에 자본이 덜 배분된다는 우려다. 그래서 피터 드러커는 혁신적인 기업에 연금의 일정 비율을 배분하도록 하는 것이 필요하다고 주장했다. 우리나라 퇴직연금 335조 원 중 원리금 보장 상품의 비중은 89퍼센트에 이른다. 혁신적인 기업은 막론하고 상장된 주식에도 투자하지 않고 있다. 연금으로 들어가는 돈이 다시 은행으로 가고 부동산으로 흘러간다.

둘째, 연금시장 성장의 편차에 주의를 기울여야 한다. 이를 위해 연금 사각지대와 연금의 세대 간 불평등에 대처해야 한다. 국민연금은 제도적 완비에도 불구하고 보험료를 납부하지 않아 납입 기간이 짧은 사각지대 문제가 심각하다. 2020년 말 기준 국민연금은 납부예외자 310만 명, 장기체납자 102만 명, 적용 제외 대상자 851만 명 등 1,263만 명이 보험료를 납부하지 않고 있으며, 이들은 18~59세 총인구의 40.9퍼센트에 달한다. 평균 가입 기간은 우리나라가 18.6년인 데 반해 EU 27개국은 35.9년이다. 수령 금액은 2023년 말 기준으로 월 40만 원 미만이 54퍼센트, 40만~80만 원이 30퍼센트이며, 80만 원 이상은 16퍼센트에 불과하다. 100만 원 이상, 20만 원 미만은 각각 10퍼센트, 11퍼센트로 비슷하다. 20년 이상 가입하고 노령연금을 받는 사람도 전체 수령자의 18퍼센트에 불과한 상황이다.[12]

세대 간의 연금 불평등 문제도 있다. 국민연금의 재정건전성에 초점을 맞추면서 앞으로 연금을 납입할 사람들에 부담을 집중할 경우 청년층과 노년층은 연금으로 인한 커다란 불평등을 겪게 된다. 국민연금 개혁은 보험료율 인상, 수급개시연령 연장, 소득대체율 인상, 기금운용수익률 제고 등 모수 개혁 중심으로 진행되고 있다. 이조차 반대가 많고 서로의 입장이 달라 실행에 옮기기가 쉽지 않다. 모수 개혁이 이루어진다고 하더라도 재정건전성을 확보하는 데는 충분치 않으며, 더욱이 젊은 층이 개혁비용 부담을 떠안게 되는 문제가 있다. 구조 개혁도 필요하다. 인구구조 변화에 맞춘 연금 총액 상한제를 도입하고, 현재의 기초연금과 국민연금 재분배 기능을 통합하여 100퍼센트에게 지급하는 기초연금으로 기능을 바꾸며 국민연금에 대해서는 자신의 기여에 비례해서 받는 것으로 역할을 재정립하는 등에 관한 논의들이 있어야 한다.

길을 고르는 세대

또래들에게 『60년대생이 온다』라는 책을 쓴다고 말했더니, "그 부자 세대 이야기?" "우리는 어떻게 살아야 하나?" 등의 답변이 돌아왔다. 무엇보다 인상 깊었던 코멘트는 다른 세대를 걱정하고 사회가 변화해야 한다고 소리치기 전에 나부터 변해야 한다는 것이었다. 열린 마음으로 변화를 수용하고 기본을 지켜나가도록 해야 한다는 말도 덧붙였다. 그 기본을 말하자면 다음과 같다.

첫째, 의존하지 않는 독립적인 노년이 된다.[1] 일반적으로 노년이 되면 경제적, 신체적, 정신적으로 의존하게 된다. 하지만 자립하려는 노력 없이 도움을 당연하게 받아들이고 행동하면 사회에서 인격적인 대접을 받기 어렵다. 무엇보다 '나이 들었으니 의존해도 되겠지'라는 마음 자체를 경계해야 한다. 대표적으로 경제적, 육체적인 의존이 있다. 경제 문제야말로 죽을 때까지 독립적이어야 한다. 자신의 돈으로 주체적으로 살아야 한다. 그리고 건강을 유지해 스스로 돌볼 수 있어야 한다. 건강을 잃으면 본인이 싫든 좋든 타인에게 의존할 수밖에 없다. 독립적인 노년을 위해서는 돈 관리와 건강 관리를 최우선으로 여겨야 한다.

둘째, 열린 노년이 된다. 노년이 되면 고집스럽고 폐쇄적인 사람이 되기 쉽다. 나이가 들면 자기도 모르게 부연 설명이 늘고, 자기 말만 하게 되며, 자신의 관점을 고집하게 된다. 노년의 관점으로 보면 젊은 사람은 늘 성에 차지 않는다. 심지어 수천 년 전에 쓰인 수메르 점토판에서도 요즘 젊은이는 버릇이 없다는 투덜거림을 볼 수 있다. 결국 수천 년 동안 노인은 줄곧 젊은이를 못마땅하게 여겨왔고, 이는 노년의 관점으로 젊은이를 보기 때문에 일어나는 현상이란 소리다. 더 중요한 것은 세상의 변화를 받아들이고, 자신의 삶에서 누릴 수 있어야 한다. 디지털 기기 사용법을 익히면 SNS에서 친구를 만나고, 세계의 여러 사람과 소통할 수 있다. 해외로 나가지 않아도 집에서 각국의 물건을 배달받을 수 있다. 인공지능 활용법을 익히면 그림도 그리고, 시도 쓰고, 심지어 대화 상대로도 삼을 수 있다. 집에서 몇 걸음만 나가면 카페가 있으니 좋은 음악과 차를 만끽할 수 있다. 변화하는 세상을 받아들이고, 배우고, 누려야 한다.

셋째, 주는 노년이 된다. 노년은 아무래도 받는 입장이 되기 쉽다. 사회복지 혜택은 물론, 이런저런 양보도 받는다. 그러다 보면 이를 당연하게 여기게 된다. 때로는 주지 않는 것에 대해 분노가 표출되기도 한다. 도움을 받는 것에 익숙한 노년이 되면 결코 사회에서 존경받을 수 없다. 노년은 세상에 무엇을 줄 수 있는가? 자산이 넉넉한 사람은 돈을 줄 수 있고, 재능이 있는 사람은 재능을 줄 수 있고, 시간이 많은 사람은 시간을 줄 수 있다. 봉사활동을 통해 사회에서 필요로 하는 자원을 주면 된다. 자원봉사에서는 보수를 기대하기 어렵지만, 이상을 실현할 수 있다. 미국은퇴자협회[AARP]의 캐치프레이즈가 '봉사를 받지 말고, 봉사를 하자'임을 눈여겨볼 필요가 있다.

사회적으로 할 일도 있다. 횡적·종적 불평등 해소다. 횡적 불평등 해소는 '선노노 후노소'로 대변된다. 노인이라고 모두 약자는 아니다. 먼저 부자 노인이 가난한 노인을 돕고, 그래도 모자랄 때 청년이 노인을 돕는 것이다. 2070년이면 중위연령이 65세가 되는데, 이는 65세 이상이 절반, 그 이하가 절반이라는 뜻이다. 결국 노인들 간에 문제를 상당 부분 해결해야 하는 시대가 오고 있다.

한 세대는 많은 부담을 안고 있는데 또 한 세대는 혜택을 향유한다면 이것이 세대 간 불평등이며 종적 불평등이다. 종적 불평등에서 세대 간 협조를 하지 않으면 세대 간 충돌이라는 나쁜 솔루션으로 이어진다. 영화 「플랜 75」에서 젊은이는 노인들을 살해한다. 연금 재정은 점차 악화된다. 세대 간 충돌이라는 사회적 비용과 국가구조의 부실화가 겹치면 사회가 성장 동력을 잃어버린다. 세대 전체 상생의 길을 찾아야 한다.

고령사회에 기회가 없는 것은 아니다. 좋은 기회가 있다. 세계는 시간차를 두고 은퇴한다. 선진국에 이어 우리나라, 중국도 급속하게 늙고 있다. 이러한 국가 간 고령화 단계의 시차는 우리에게 기회를 준다. 지금 폭발하듯 성장하는 바이오테크, 디지털 헬스케어, 로보틱스, 메타버스 등과 같은 혁신 기술들을 세계 여러 나라에서 고령사회에 접목하려 하고 있다. 우리나라는 고령화가 진행되는 초기, 다시 말해 전기 고령자인 액티브 시니어가 급증하는 상황에서 기술혁신 시대를 맞이했다. 고령화와 4차 산업혁명이 함께 가다 보니, 고령사회와 기술혁신이 오롯이 오버랩되었다. 즉, 고령사회 극복에 혁신 기술을 적극 적용해볼 만한 위치에 있다. 효과는 국내에 국한되지 않는다. 고령화 관련 기술에서 경쟁력을 갖게 되면 중국을 비롯한 후

발 고령 국가에 고령화 극복 노하우를 수출할 기회도 생긴다. 시기적으로 천운(天運)이라 할 수 있다.

　고령사회를 극복하게 할 혁신은 청년세대에서 일어난다. 그런데 우리나라는 청년세대에서 혁신이 일어날 문화가 조성되어 있지 않다. 조엘 모키르는 『성장의 문화』[2]에서 혁신을 통한 성장에서 문화의 중요성을 강조했다. 문화는 유전적이 아니라 사회적으로 전달되며, 사회의 다른 구성원이 공유하면서 사람들의 행동에 영향을 줄 수 있는 신념, 가치, 선호의 집합체라고 보았다. 지식이 확산되고 공유되기 위해서는 다원주의 문화와 아이디어 경쟁이 필요하다. 무엇보다 위험을 감수해야 하는데, 이를 가능하게 하려면 여러 기회를 가질 수 있어야 한다. 우리 사회는 청년들에게 기회를 주지 않는다. 제때 대학에 들어가지 않으면 늦게 들어갈 길이 요원하고, 창업 실패를 몇 번 겪으면 더 이상 갈 곳이 없다. 군대까지 가야 하니, 몇 년만 옆길로 새면 번듯한 직장에 들어갈 길이 막힌다. 20대는 기회의 10년이 아니라, 피 말리는 10년이다. 100문제 중 한두 개만 틀려도 망했다고 생각하는 문화에서 청년들이 어떤 위험을 감수할 수 있을

까? 혁신은 문화가 중요하다. 청년들에게 여러 번 기회를 주어 위험을 감수할 수 있는 문화를 만들어야 한다.

"가는 것 아니에요?"

『60년대생이 온다』에 대한 한 40대의 말이다. 반은 맞고 반은 틀리다. 60년대생은 고도성장기의 삶을 마무리하고 있지만, 앞으로 50년은 펼쳐질 초고령사회의 주역으로 떠오르고 있다. 초고령사회의 관점으로 보면 60년대생은 오고 있다. 초고령사회, 장기 저성장, AI 혁명은 앞으로의 한국 사회를 울퉁불퉁하게 만들 것이다. 커다란 도전을 앞두고, 60년대생이 '도망치는 세대'가 아니라 '울퉁불퉁한 길을 고르는 세대'가 되었으면 한다.

| 주석 |

프롤로그

1 1세별 주민등록 통계(2024년 1월 기준), 통계청.

1장 다 같은 60년대생이 아니다

1 심현정·정나라, 「5060 일자리 노마드族이 온다」 미래에셋은퇴연구소, 2019.
남성 1,368명, 여성 440명을 대상으로 했고 연령별로는 50대 915명, 60대 893명을 대상으로
2018년 11월 23일부터 2019년 1월 9일에 걸쳐 조사했다.

2 국가별 국내총생산(당해년 가격), 통계청.

3 강준만, 『영혼이라도 팔아 취직하고 싶다』 개마고원, 2010.

4 자산운용협회, 『투자신탁협회사』 2004.

5   국민연금사편찬위원회, 『실록 국민의 연금』 국민연금공단, 2015.

6 이철승, 『불평등 세대』 문학과 지성사, 2019.

7 강준만, 『영혼이라도 팔아 취직하고 싶다』 개마고원, 2010.

8 강준만, 『영혼이라도 팔아 취직하고 싶다』 개마고원, 2010.

9 서경호, '사실상 실업 400만, 공식 통계와 4.5배 차이 왜?', 『중앙일보』 2010. 1. 18.

10   '강릉에서 세계로, 테라로사의 K-커피 이야기', 『여성신문』 2020. 8. 28.

11 「중산층이 사라진다. 30년 전 국민 75퍼센트 '난 중산층', 올해엔 48퍼센트로 뚝」 『조선일보』
2019. 1. 26.

12 분수령은 외환위기였지만 산업구조 변화는 1990년대 초반부터 일어나고 있었으며, 1990년대
후반부터는 ICT 기업의 성장이 빨라졌다.

13 구해근, 『특권 중산층』 창비, 2022.

14 양승훈, 『중공업 가족의 유토피아』 오월의봄, 2019.

15 김낙년, 「한국의 소득 집중도 추이와 국제 비교, 1976~2010: 소득세 자료에 의한 접근」 『경제
분석』 제18권 제3호, 2012, 75~114.

16 「한국 경제성장사' 펴낸 김낙년 "성장률 떨어지고 불평등 커지는 시대"」 『주간조선』 2023. 7. 14.

17 양경숙, '근로소득세 구간 재조정 세법 개정 추진', 『국세신문』 2020. 9. 29.

18 유경준, '중산층 비중 변화 추이', 대한민국 정책 브리핑, KDI, 2010. 7. 22.

19 남상호, 「우리나라 중산층의 규모와 변화 추이 분석」 『한국재정학회 학술대회 논문집』 2013. 2.

20 구해근, 『특권 중산층』 창비, 2022.

21 조정진, 『임계장 이야기』 후마니타스, 2020.

22 이재열, 『다시 태어난다면 한국에서 살겠습니까?』 21세기북스, 2019.

23 심현정·정나라, 「5가지 키워드로 본 5060세대의 가족과 삶」 미래에셋은퇴연구소, 2018.

2장 아직 일하고 싶다

1 산업 연구원 ISTANS.

2 2022년 기준, 통계청.

3 2023년 12월 및 연간 고용 동향, 통계청, 2024. 1. 10.

4 심현정·정나라, 「5가지 키워드로 본 5060세대의 가족과 삶」 미래에셋은퇴연구소, 2018.

5 국민연금공단, "국민연금 월 최고액은 227만원, 최고령은 107세", 2021.3.16.

6 한요셉, '60세 정년 의무화의 영향: 청년 고용에 미치는 영향을 중심으로', 『KDI 정책연구시리즈』 2019-03, 2019.

7 김태유, 『은퇴가 없는 나라』 삼성경제연구소, 2013.

3장 액티브 시니어 시대

1 '미 연준의 2단계 긴축 사이클', 『글로벌 투자 전략』 BCA Research, 2022. 2. 18.

2 가계금융복지조사, 통계청, 2023.

3 한국은행, 국민대차대조표.

4 국민연금관리공단, 고용노동부, 금융위원회.

5 국민연금재정계산위원회·국민연금재정추계전문위원회·국민연금기금운용발전전문위원회, '국민연금 제도 개선 방향에 관한 공청회', 2023. 9. 1.

6 국민연금기금운용본부(http://fund.nps.or.kr)

7 메리 펄롱, 미래의 창, 2007.

8 하쿠호도 생활종합연구소·하쿠호도 시니어비즈니스추진실, 커뮤니케이션 북스, 2009.

9 무라타 히로유키, 중앙북스, 2013.

10 성남고령친화종합체험관·을지대학교, 성남시, 2015.

11 최상태·한주형, 한국경제신문, 2018.

12 김원제 외 4인, 한국학술정보, 2018.

13 실버산업은 우리나라와 일본에서 사용하는 용어이며, 서구 사회에서 'silver industry'라고 하면 금속인 '은(銀) 산업'을 말하는 것이 된다. 구글에서 검색해보아도 서구 사회는 은에 관한 정보가 나오지만 우리나라는 시니어 비즈니스에 관한 정보가 나온다.

14 「한국인 60% '자녀 세대가 더 가난해질 것' … 일본은 82%로 1위」, 『한국일보』 2022. 8. 24. 미국 여론조사 기관 퓨리서치센터가 19개국을 상대로 실시한 미래 경제 상황 전망에 대한 설문조사였으며 한국의 경우 18세 이상 1,008명에게 설문한 것이다.

15 '고령친화산업 실태 조사 및 산업 분석', 한국보건산업진흥원, 2014. 12.

16 김경록, 『데모테크가 온다』 흐름출판, 2021.

17 리켄(http://www.riken.jp/en/)

18 팔로(https://palro.jp/en/)

19 '일상생활 속의 AI노믹스 ⑨ 주인 대신 요리하고 아이 돌보고, 인공지능 컴패니언로봇 시대 성큼', 『매일경제』 2020. 10. 7.

20 파로(http://www.parorobots.com)

21 2019년 기준, UN Population Database.

22 김경록, 흐름출판, 2021.

23 European Commission, 'The Silver Economy', 2018.

24 Wolf, Martin, 'What we know about the global outlook', FT, 2024. 1. 17. 본문의 내용은 다음과 같다. "From demography to technology, it is crucial to pay attention to the forces that will certainly shape our future."

4장 티토노스의 비극

1 데이비드 싱클레어·매슈 러플랜트, 『노화의 종말』 이한음 옮김, 부키, 2020.

2 'A road map to end aging', TED 강연, 2005. 7.

3 한국건강증진개발원(http://www.khepi.or.kr)

4 김덕영, 『뒤늦게 발동 걸린 인생들의 이야기』 다큐스토리, 2013.

5 OECD, 『Pensions at a Glance』 2021.

6 이승희, '소득과 자산으로 진단한 노인 빈곤과 정책 방향', 『KDI FOCUS』 2023. 9. 25.

7 국민연금연구원, 『제9차(2021년도) 중고령자의 경제생활 및 노후 준비 실태』 2022. 12. 31.

8 우치다테 마키코, 박승애 옮김, 한스미디어, 2017.

9 미래에셋은퇴연구소, '은퇴 후 110,000시간', 『미래에셋 은퇴 리포트』 2015. 10. 29.

10 '2022 통계로 보는 1인가구', 통계청, 2022. 12. 7.

11 피터 데이비스, 신유희 옮김, 상상스퀘어, 2022.

12 린다 그래튼, 『일의 미래』 조성숙 옮김, 생각연구소, 2012.

13 강준만, 『바벨탑 공화국』 인물과사상사, 2019.

5장 n차 인생을 준비하라

1 신상목, 『학교에서 가르쳐주지 않는 일본사』 뿌리와이파리, 2017.

2 김덕영, 『뒤늦게 발동 걸린 인생들의 이야기』 다큐스토리, 2013.

3 국민생명표, 통계청.

4 김동배, 『제3의 인생 설계 신노년 문화』 소야, 2017.

5 미래에셋은퇴연구소, 은퇴자금 승수로 알아보는 나의 은퇴자금 계산법, 「은퇴 리포트」 2017.

1.16.

6 에이브러햄 오쿠산야, 『전략적 인출 설계와 은퇴 포트폴리오의 과학』 김동엽·이동근·박지혜 옮김, 미래에셋투자와연금센터, 2022.

7 위의 책, p. 120.

8 위의 책 참조.

9 ① 안정소득: 계좌인출연금 인출률의 최소 100퍼센트 이상은 되어야 하며, 계좌인출연금의 최저 인출비율은 연령에 따라 4~14퍼센트에 이른다. 그리고 다양한 비용 지출의 최대한도를 정해야 한다. 최저 인출비율은 65세 미만까지 4퍼센트, 65~74세 5퍼센트, 75~79세 6퍼센트, 80~84세 7퍼센트, 85~89세 9퍼센트, 90~94세 11퍼센트, 95세 이상 11퍼센트다. ② 장수 리스크 보장: 종신연금, 장수연금을 통해 전 생애에 걸쳐 실질 생활이 보장되는 현금 흐름을 만들어야 한다. ③ 유연인출: 자동차 구입, 휴가, 의료비 등을 커버하거나 사망 시 남은 돈을 상속하고 싶은 수요를 충족해야 한다.

10 The Australian Government the Treasury, Financial System Inquiry Final Report, 2014. 11. 위원회의 위원장 데이비드 머레이(David Murray)의 이름을 따 머레이 보고서라고 부르기도 한다.

11 Australian Government, "Development of the framework for Comprehensive Income Products for Retirement", Discussion Paper, 2016. 12. 15.

12 리츠 각 홈페이지 참조.

13 주택금융공사 홈페이지.

6장 지속가능한 노후 생활을 위하여

1 古池や蛙飛び込む水の音

2 무라카미 류, 『55세부터 헬로라이프』 북로드, 2013.

3 과학동아(http://www.dongascience.com)의 통계를 재구성함.

4 '인생 후반 5대 리스크', 미래에셋은퇴연구소, 2013.

7장 상생을 위한 사회적 대타협

1 「뉴스레터」 2013년 10월 호, 일본 총연.

2 「'다사사회' 연간 사망자 과거 최다 156만 명, 화장 대기에 12일」 NHK, 2023. 6. 25.

3 정현숙, 『현대 일본사회론』 KNOU PRESS, 2022.

4 IMF(2021) 기준.

5 정현숙, 『인구 위기 국가 일본』 에피스테메, 2021.

6 日本総務省, "2019年 労働調査", 2020. 2.

7 이철희, '인구 사회구조 변화와 액티브 시니어', SERI CEO 발표 자료, 2023.

8 일본 내각부, 『고령사회백서』 2021, p. 19. 정현숙, 『인구 위기 국가 일본』에서 재인용.

9 오구로 가즈마사, 『일본 경제의 재구축(日本経済の再構築)』 2020. 정현숙, 『인구 위기 국가 일본』에서 재인용.

10 토마 피케티, 『21세기 자본』 글항아리, 2013.

11 '지난해 상속·증여 재산 188조… 5년 전보다 2배 늘어', 연합뉴스, 2023. 8. 21.

12 유희원 외 3명, 「국민연금제도의 사각지대 현황과 대응방안」 국민연금연구원, 2022. 국민연금공단, 「국민연금 공표 통계」 2023. 8.

에필로그

1 김동배(2017)의 책에서 3가지 변화를 참조함.

2 조엘 모키르, 『성장의 문화』 김민주·이엽 옮김, 에코리브르, 2018.

| 참고문헌 |

· 도서

가키야 미우, 『70세 사망법안, 가결』, 김난주 옮김, 2018.

강준만, 『바벨탑 공화국』, 인물과사상사, 2019.

강준만, 『영혼이라도 팔아 취직하고 싶다』, 개마고원, 2010.

구해근, 『특권 중산층』, 창비, 2022.

국민연금사편찬위원회, 『실록 국민의 연금』, 국민연금공단, 2015.

김경록, 『데모테크가 온다』, 흐름출판, 2021.

김덕영, 『뒤늦게 발동 걸린 인생들의 이야기』, 다큐스토리, 2013.

김동배, 『제3의 인생 설계 신노년 문화』, 소야, 2017.

김원제 외 4인, 『시니어 비즈니스 블루오션』, 한국학술정보, 2018.

김태유, 『은퇴가 없는 나라』, 삼성경제연구소, 2013.

데이비드 싱클레어·매슈 러플랜트, 『노화의 종말』, 이한음 옮김, 부키, 2020.

린다 그래튼, 『일의 미래』, 조성숙 옮김, 생각연구소, 2012.

메리 펄롱, 『시니어 마켓을 선점하라』, 정지혜·이연수 옮김, 미래의창, 2007.

무라타 히로유키, 『그레이마켓이 온다』, 김선영 옮김, 중앙북스, 2013.

방준호, 『실직 도시』, 부키, 2021.

성남고령친화종합체험관·을지대학교, 『한국의 시니어 그리고 시니어 비즈니스』, 성남시, 2015.

신상목, 『학교에서 가르쳐주지 않는 일본사』, 뿌리와이파리, 2017.

양승훈, 『중공업 가족의 유토피아』, 오월의봄, 2019.

에이브러헴 오쿠산야, 『전략적 인출 설계와 은퇴 포트폴리오의 과학』, 김동엽·이동근·박지혜 옮김, 미래에셋투자와연금센터, 2022.

오영수, 『고령사회의 사회보장과 세대 충돌』, 박영사, 2021.

오영수·이수영·전용일·신재욱, 『백세시대 생애 설계』, 박영사, 2021.

우에노 지즈코, 『누구나 혼자인 시대의 죽음』, 송경원 옮김, 어른의시간, 2016.

우치다테 마키코, 『끝난 사람』, 박승애 옮김, 한스미디어, 2017.

이수영·신재욱·전용일·오영수, 『국가와 기업의 초고령사회 성공 전략』, 박영사, 2021.

이재열, 『다시 태어난다면 한국에 살겠습니까』, 21세기북스, 2019.

이철승, 『불평등세대』, 문학과지성사, 2019.

자산운용협회, 『투자신탁협회사』, 2004.

정현숙, 『현대 일본사회론』, KNOU PRESS, 2022.

정현숙, 『인구위기국가 일본』, 에피스테메, 2021.

조엘 모키르, 『성장의 문화』, 김민주·이엽 옮김, 에코리브르, 2018.

조정진, 『임계장 이야기』, 후마니타스, 2020.

최상태, 한주형, 『시니어 시프트』, 한국경제신문, 2018.

토마 피케티, 『21세기 자본』, 장경덕 외 옮김, 글항아리, 2013.

피터 데이비스, 『전념』, 신유희 옮김, 상상스퀘어, 2022.

하쿠호도 생활종합연구소·하쿠호도 시니어비즈니스추진실, 『거대시장 시니어의 탄생』, 커뮤니케이션북스, 2009.

· **연구보고서와 논문**

국민연금연구원, 『제9차(2021년도) 중고령자의 경제생활 및 노후 준비 실태』, 2022. 12. 31.

국민연금재정계산위원회·국민연금재정추계전문위원회·국민연금기금운용발전전문위원회, '국민연금 제도 개선 방향에 관한 공청회', 2023. 9. 1.

금융감독원, '연금저축 현황 및 시사점', 각년.

김낙년, 「한국의 소득 집중도 추이와 국제 비교, 1976-2010: 소득세 자료에 의한 접근」, 『경제분석』 제18권 제3호, 2012.

김세완·김경록, 『노령화와 금융시장의 변화, 그리고 정책 과제』, 한국금융학회, 2024. 7. 발간 예정.

김영선 외, '고령친화산업 혁신 발전 방안 연구', 한국보건산업진흥원·경희대학교, 2019. 12.

남상호, 「우리나라 중산층의 규모와 변화 추이 분석」, 『한국재정학회 학술대회 논문집』, 2013. 2.

미래에셋은퇴연구소, '은퇴 후 110,000시간', 『미래에셋 은퇴 리포트』, 2015. 10. 29.

미래에셋은퇴연구소, '인생 후반 5대 리스크', 『미래에셋 은퇴 리포트』, 2014.

박종규, '우리나라 소득 불평등의 추이와 원인 및 정책 목표', 『KIF 연구 보고서』, 2017. 2.

신한은행, '뉴시니어 세대 분석', 2010.7.16.

심현정·정나라, 『5060 일자리 노마드族이 온다』, 미래에셋은퇴연구소, 2019. 4.

심현정·정나라, 『5가지 키워드로 본 5060세대의 가족과 삶』, 미래에셋은퇴연구소, 2018.

유경준 선임연구위원, '중산층 비중 변화 추이', 대한민국 정책 브리핑, KDI, 2010. 7. 22.

이승희, '소득과 자산으로 진단한 노인 빈곤과 정책 방향', 『KDI FOCUS』, 2023. 9. 25.

이영욱, '우리나라 중산층의 현주소와 정책 과제', 『KDI FOCUS』, 한국개발연구원(KDI), 2023. 1. 31.

이철희, '인구 사회구조 변화와 액티브 시니어', SERI CEO 발표 자료, 2023.

전상인, '앵그리시대의 사회 갈등과 사회 통합', 『철학과 현실』 76호, 2008.

통계청, '2022 통계로 보는 1인가구', 2022. 12. 7.

통계청, '가계금융복지조사', 2023.

통계청, '장래 가구 추계 2020~2050', 2022. 6. 28.

통계청, '퇴직연금 통계', 각년.

한국보건산업진흥원, '고령친화산업 실태 조사 및 산업 분석', 2014. 12.

한요셉, '60세 정년 의무화의 영향: 청년 고용에 미치는 영향을 중심으로', 『KDI 정책연구시리즈』 2019-03, 2019.

Australian Government, "Development of the framework for Comprehensive Income Products for Retirement", Discussion Paper, 2016.12.15.

BCA, '미 연준의 2단계 긴축 사이클', 『글로벌 투자 전략』, BCA Research, 2022. 2. 18.

European Commission, 'The Silver Economy', 2018.

OECD, 『Pensions at a Glance』, 2021.

The Australian Government the Treasury, Financial System Inquiry Final Report, 2014.

·미디어

'강릉에서 세계로, 테라로사의 K-커피 이야기', 『여성신문』, 2020. 8. 28.

'사실상 실업 400만, 공식 통계와 4.5배 차이 왜?', 『중앙일보』, 2010. 1. 18.

'일상생활 속의 AI노믹스 ⑨ 주인 대신 요리하고 아이 돌보고, 인공지능 컴패니언로봇 시대 성큼', 『매일경제』, 2020. 10. 7.

'지난해 상속·증여 재산 188조… 5년 전보다 2배 늘어', 『연합뉴스』, 2023. 8. 21.

「중산층이 사라진다. 30년 전 국민 75퍼센트 '난 중산층', 올해엔 48퍼센트로 뚝」, 『조선일보』, 2019. 1. 26.

「'한국 경제성장사' 펴낸 김낙년, 성장률 떨어지고 불평등 커지는 시대」, 『주간조선』, 2023. 7. 14.

「한국인 60% '자녀 세대가 더 가난해질 것' … 일본은 82%로 1위」, 『한국일보』, 2022. 8. 24.

양경숙, '근로소득세 구간 재조정 세법 개정 추진', 『국세신문』, 2020. 9. 29.

Aubrey De Grey, 'A road map to end aging.', TED 강연, 2005. 7.

Wolf, Martin, 'What we know about the global outlook', FT, 2024. 1. 17.

·인터넷

국민연금공단, https://www.nps.or.kr/

통계청, https://kostat.go.kr/

한국주택금융공사, www.hf.go.kr

OECD, https://data.oecd.org/emp/

UN Population Database, https://population.un.org/dataportal/

https://palro.jp/en/

www.khepi.or.kr

www.parorobots.com

www.riken.jp/en/

60년대생이 온다

김경록 지음

초판 1쇄 발행일 2024년 3월 15일
초판 3쇄 발행일 2024년 8월 23일

발행인 | 한상준
편집 | 김민정·강탁준·손지원·최정휴·김영범
디자인 | 문지현·김경희
마케팅 | 이상민·주영상
관리 | 양은진

발행처 | 비아북(ViaBook Publisher)
출판등록 | 제313-2007-218호(2007년 11월 2일)
주소 | 서울시 마포구 월드컵북로 6길 97(연남동 567-40)
전화 | 02-334-6123 전자우편 | crm@viabook.kr
홈페이지 | viabook.kr

ISBN 979-11-92904-64-1 03320